La fin de Satan

Victor Hugo

Edition : Books on Demand, 12/14, rond-point des Champs Elysées, 75008 Paris
Impression : Books on Demand GmbH, Norderstedt, Allemagne.
ISBN : 9782322127252
Dépot légal : janvier 2019

Chapitre 1

Hors de la terre I

1. ET NOX FACTA EST

I

Depuis quatre mille ans il tombait dans l'abîme.

Il n'avait pas encor pu saisir une cime,
Ni lever une fois son front démesuré.
Il s'enfonçait dans l'ombre et la brume, effaré,
Seul, et derrière lui, dans les nuits éternelles,
Tombaient plus lentement les plumes de ses ailes.
Il tombait foudroyé, morne silencieux,
Triste, la bouche ouverte et les pieds vers les cieux,
L'horreur du gouffre empreinte à sa face livide.
Il cria : - Mort! - les poings tendus vers l'ombre vide.
Ce mot plus tard fut homme et s'appela Caïn.
Il tombait. Tout à coup un roc heurta sa main;
Il l'étreignit, ainsi qu'un mort étreint sa tombe,
Et s'arrêta.
Quelqu'un, d'en haut, lui cria : - Tombe!
Les soleils s'éteindront autour de toi, maudit! -
Et la voix dans l'horreur immense se perdit.
Et, pâle, il regarda vers l'éternelle aurore.
Les soleils étaient loin, mais ils brillaient encore.
Satan dressa la tête et dit, levant le bras :
- Tu mens! - Ce mot plus tard fut l'âme de Judas.
Pareil aux dieux d'airain debout sur leurs pilastres,
Il attendit mille ans, l'oeil fixé sur les astres.
Les soleils étaient loin, mais ils brillaient toujours.
La foudre alors gronda dans les cieux froids et sourds.
Satan rit, et cracha du côté du tonnerre.
L'immensité, qu'emplit l'ombre visionnaire,
Frissonna. Ce crachat fut plus tard Barabbas.

Un souffle qui passait le fit tomber plus bas.

II

La chute du damné recommença. - Terrible,
Sombre, et piqué de trous lumineux comme un crible,
Le ciel plein de soleils s'éloignait, la clarté
Tremblait, et dans la nuit le grand précipité,
Nu, sinistre, et tiré par le poids de son crime,
Tombait, et, comme un coin, sa tête ouvrait l'abîme.
Plus bas! plus bas! toujours plus bas! Tout à présent
Le fuyait; pas d'obstacle à saisir en passant,
Pas un mont, pas un roc croulant, pas une pierre,
Rien, l'ombre, et d'épouvante il ferma sa paupière.
Quand il rouvrit les yeux, trois soleils seulement
Brillaient, et l'ombre avait rongé le firmament.
Tous les autres soleils étaient morts.

III

Une roche
Sortait du noir brouillard comme un bras qui s'approche.
Il la prit, et ses pieds touchèrent des sommets.

Alors l'être effrayant qui s'appelle Jamais
Songea. Son front tomba dans ses mains criminelles.
Les trois soleils, de loin, ainsi que trois prunelles,
Le regardaient, et lui ne les regardait pas.
L'espace ressemblait aux plaines d'ici-bas,
Le soir, quand l'horizon qui tressaille et recule,
Noircit sous les yeux blancs du spectre crépuscule.
De longs rayons rampaient aux pieds du grand banni.
Derrière lui son ombre emplissait l'infini.
Les cimes du chaos se confondaient entre elles.
Tout à coup il se vit pousser d'horribles ailes;
Il se vit devenir monstre, et que l'ange en lui
Mourait, et le rebelle en sentit quelque ennui.
Il laissa son épaule, autrefois lumineuse,

Frémir au froid hideux de l'aile membraneuse,
Et croisant ses deux bras, et relevant son front,
Ce bandit, comme s'il grandissait sous l'affront,
Seul dans ces profondeurs que la ruine encombre,
Regarda fixement la caverne de l'ombre.
Les ténèbres sans bruit croissaient dans le néant.
L'opaque obscurité fermait le ciel béant;
Et, faisant, au-delà du dernier promontoire,
Une triple fêlure à cette vitre noire,
Les trois soleils mêlaient leurs trois rayonnements.
Après quelque combat dans les hauts firmaments,
D'un char de feu brisé l'on eût dit les trois roues.
Les monts hors du brouillard sortaient comme des proues.
Eh bien, cria Satan, soit! Je puis encor voir!
Il aura le ciel bleu, moi j'aurai le ciel noir.
Croit-il pas que j'irai sangloter à sa porte?
Je le hais. Trois soleils suffisent. Que m'importe!
Je hais le jour, l'azur, le rayon, le parfum! -

Soudain, il tressaillit; il n'en restait plus qu'un.

IV

L'abîme s'effaçait. Rien n'avait plus de forme.
L'obscurité semblait gonfler sa vague énorme.
C'était on ne sait quoi de submergé; c'était
Ce qui n'est plus, ce qui s'en va, ce qui se tait;
Et l'on n'aurait pu dire, en cette horreur profonde,
Si ce reste effrayant d'un mystère ou d'un monde,
Pareil au brouillard vague où le songe s'enfuit,
S'appelait le naufrage ou s'appelait la nuit;
Et l'archange sentit qu'il devenait fantôme.
Il dit : - Enfer! - Ce mot plus tard créa Sodome.

Et la voix répéta lentement sur son front :
- Maudit! autour de toi les astres s'éteindront. -

Et déjà le soleil n'était plus qu'une étoile.

V

Et tout disparaissait par degrés sous un voile.
L'archange alors frémit; Satan eut le frisson.
Vers l'astre qui tremblait, livide, à l'horizon,
Il s'élança, sautant d'un faîte à l'autre faîte.
Puis, quoiqu'il eût horreur des ailes de la bête,
Quoique ce fût pour lui l'habit de la prison,
Comme un oiseau qui va de buisson en buisson,
Hideux, il prit son vol de montagne en montagne,
Et ce forçat se mit à courir dans ce bagne.

Il courait, il volait, il criait : - Astre d'or!
Frère! attends-moi! j'accours! ne t'éteins pas encor!
Ne me laisse pas seul! -

Le monstre de la sorte
Franchit les premiers lacs de l'immensité morte,
D'anciens chaos vidés et croupissant déjà,
Et dans les profondeurs lugubres se plongea.

L'étoile maintenant n'était qu'une étincelle.

Il entra plus avant dans l'ombre universelle,
S'enfonça, se jeta, se rua dans la nuit,
Gravit les monts fangeux dont le front mouillé luit,
Et dont la base au fond des cloaques chancelle,
Et, triste, regarda devant lui.

L'étincelle
N'était qu'un point rougeâtre au fond d'un gouffre obscur.

VI

Comme entre deux créneaux se penche sur le mur
L'archer qu'en son donjon le crépuscule gagne,
Farouche, il se pencha du haut de la montagne,
Et sur l'astre, espérant le faire étinceler,

Comme sur une braise il se mit à souffler,
Et l'angoisse gonfla sa féroce narine.
Le souffle qui sortit alors de sa poitrine
Est aujourd'hui sur terre et s'appelle ouragan.
A ce souffle, un grand bruit troubla l'ombre, océan
Qu'aucun être n'habite et qu'aucuns feux n'éclairent,
Les monts qui se trouvaient près de là s'envolèrent,
Le chaos monstrueux plein d'effroi se leva
Et se mit à hurler : Jéhova! Jéhova!
L'infini s'entr'ouvrit, fendu comme une toile,
Mais rien ne remua dans la lugubre étoile;
Et le damné criant : - Ne t'éteins pas! j'irai!
J'arriverai! - reprit son vol désespéré.

Et les volcans mêlés aux nuits qui leur ressemblent
Se renversaient ainsi que des bêtes qui tremblent,
Et les noirs tourbillons et les gouffres hideux
Se courbaient éperdus pendant qu'au-dessus d'eux,
Volant vers l'astre ainsi qu'une flèche à la cible,
Passait, fauve et hagard, ce suppliant terrible.

Et depuis qu'il a vu ce passage effrayant,
L'âpre abîme, effaré comme un homme fuyant,
Garde à jamais un air d'horreur et de démence,
Tant ce fut monstrueux de voir, dans l'ombre immense,
Voler, ouvrant son aile affreuse loin du ciel,
Cette chauve-souris du cachot éternel!

VII

Il vola dix mille ans. Pendant dix mille années,
Tendant son cou farouche et ses mains forcenées,
Il vola sans trouver un mont où se poser.
L'astre parfois semblait s'éteindre et s'éclipser,
Et l'horreur du tombeau faisait frissonner l'ange;
Puis une clarté pâle, obscure, vague, étrange,
Reparaissait, et l'ange alors disait : Allons.
Autour de lui planaient les oiseaux aquilons.
Il volait. L'infini sans cesse recommence.

Son vol dans cette mer faisait un effet immense.
La nuit regardait fuir ses horribles talons.
Comme un nuage sent tomber ses tourbillons,
Il sentait s'écrouler ses forces dans le gouffre.
L'hiver murmurait : tremble! et l'ombre disait : souffre!
Enfin il aperçut au loin un noir sommet
Que dans l'ombre un reflet formidable enflammait.
Satan, comme un nageur fait un effort suprême,
Tendit son aile onglée et chauve, et, spectre blême,
Haletant, brisé, las, et, de sueur fumant,
Il s'abattit au bord de l'âpre escarpement.

VIII

Le soleil était là qui mourait dans l'abîme.

L'astre, au fond du brouillard, sans vent qui le ranime
Se refroidissait, morne et lentement détruit.
On voyait sa rondeur sinistre dans la nuit;
Et l'on voyait décroître, en ce silence sombre,
Ses ulcères de feu sous une lèpre d'ombre.
Charbon d'un monde éteint! flambeau soufflé par Dieu!
Ses crevasses montraient encore un peu de feu
Comme si par les trous du crâne on voyait l'âme.
Au centre palpitait et rampait une flamme
Qui par instants léchait les bords extérieurs,
Et de chaque cratère, il sortait des lueurs
Qui frissonnaient ainsi que de flamboyants glaives,
Et s'évanouissaient sans bruit comme des rêves.
L'astre était presque noir. L'archange était si las
Qu'il n'avait plus de voix et plus de souffle, hélas!
Et l'astre agonisait sous ses regards farouches.
Il mourait, il luttait. Avec ses sombres bouches
Dans l'obscurité froide il lançait par moments
Des flots ardents, des blocs rougis, des monts fumants,
Des rocs tout écumants de sa clarté première :
Comme si ce volcan de vie et de lumière,
Englouti par la brume où tout s'évanouit,
N'eût point voulu mourir sans insulter la nuit

Et sans cracher sa lave à la face de l'ombre.
Autour de lui le temps et l'espace et le nombre
Et la forme et le bruit expiraient, en créant
L'unité formidable et noire du néant.
Le spectre Rien levait sa tête hors du gouffre.
Soudain, du cœur de l'astre, un âpre jet de soufre,
Pareil à la clameur du mourant éperdu,
Sortit, clair, éclatant, splendide, inattendu,
Et, découpant au loin mille formes funèbres,
Enorme, illumina, jusqu'au fond des ténèbres,
Les porches monstrueux de l'infini profond.
Les angles que la nuit et l'immensité font
Apparurent. Satan, égaré, sans haleine,
La prunelle éblouie et de ce rayon pleine,
Battit de l'aile, ouvrit les mains, puis tressaillit
Et cria : - Désespoir! le voilà qui pâlit! -

Et l'archange comprit, pareil au mât qui sombre,
Qu'il était le noyé du déluge de l'ombre;
Il reploya ses ailes aux ongles de granit,
Et se tordit les bras, et l'astre s'éteignit.

IX

Or, près des cieux, au bord du gouffre où rien ne change,
Une plume échappée à l'aile de l'archange
Etait restée, et pure et blanche, frissonnait.
L'ange au front de qui l'aube éblouissante naît,
La vit, la prit, et dit, l'oeil, sur le ciel sublime :
- Seigneur, faut-il qu'elle aille, elle aussi, dans l'abîme? -
Il leva la main, Lui par la vie absorbé,
Et dit : - Ne jetez pas ce qui n'est pas tombé.

*

Antres noirs du passé, porches de la durée
Sans dates, sans rayons, sombre et démesurée,
Cycles antérieurs à l'homme, chaos, cieux,

Monde terrible et plein d'êtres mystérieux,
O brume épouvantable où les préadamites
Apparaissent, debout dans l'ombre sans limites,
Qui pourrait vous sonder, gouffres, temps inconnus!
Le penseur qui, pareil aux pauvres, va pieds nus
Par respect pour Celui qu'on ne voit pas, le mage,
Fouille la profondeur et l'origine et l'âge,
Creuse et cherche au-delà des colosses, plus loin
Que les faits dont le ciel d'à présent est témoin,
Arrive en pâlissant aux choses soupçonnées,
Et trouve, en soulevant des ténèbres d'années,
Et des couches de jours, de mondes, de néants,
Les siècles monstres morts sous les siècles géants.
Et c'est ainsi que songe au fond des nuits le sage
Dont un reflet d'abîme éclaire le visage.

Chapitre 2

La Première page

1. I. L'ENTRÉE DANS L'OMBRE

I

Noë rêvait. Le ciel était plein de nuées.
On entendait au loin les chants et les huées
Des hommes malheureux qu'un souffle allait courber.
Un nuage muet soudain laissa tomber
Une goutte de pluie au front du patriarche.
Alors Noë, suivi des siens, entra dans l'arche,
Et Dieu pensif poussa du dehors le verrou.

Le mal avait filtré dans les hommes. Par où?
Par l'idole; par l'âpre ouverture que creuse
Un culte affreux dans l'âme humaine ténébreuse.
Ces temps noirs adoraient le spectre Isis-Lilith,
La fille du démon, que l'Homme eut dans son lit
Avant qu'Eve apparût sous les astres sans nombre,
Monstre et femme que fit Satan avec de l'ombre
Afin qu'Adam reçût le fiel avant le miel,
Et l'amour de l'enfer avant l'amour du ciel.
Eve était nue. Isis-Lilith était voilée.
Les corbeaux l'entouraient de leur fauve volée;
Les hommes la nommaient Sort, Fortune, Ananké;
Son temple était muré, son prêtre était masqué;
On l'abreuvait de sang dans le bois solitaire;
Elle avait des autels effrayants. Et la terre
Subissait cette abjecte et double obscurité:
En bas Idolâtrie, en haut Fatalité.

Aussi depuis longtemps tout était deuil et crainte.
Le juste - un seul restait - attendait la mort sainte
Comme un captif attend qu'on lève son écrou.

Le tigre en sa caverne et la taupe en son trou
Disaient depuis longtemps: l'homme commet des crimes.
Une noire vapeur montait aux cieux sublimes,
Fumée aux flots épais des sombres actions.
Depuis longtemps l'azur perdait ses purs rayons,
Et par instants semblait plein de hideuses toiles
Où l'araignée humaine avait pris les étoiles.

Car dans ces temps lointains, de ténèbres voilés,
Où la nature et l'homme étaient encore mêlés,
Les forfaits rayonnaient dans l'espace, en désastres,
Et les vices allaient éteindre au ciel les astres.
Le mal sortait de l'homme et montait jusqu'à Dieu.
Le char du crime avait du sang jusqu'à l'essieu;
Le meurtre, l'attentat, les luxures livides
Riaient, buvaient, chantaient, régnaient; les fils avides
Soufflaient sur les parents comme sur un flambeau;
Ce que la mort assise au seuil noir du tombeau
Voyait d'horreurs, faisait parler cette muette.
La nuit du cœur humain effrayait la chouette;
L'ignorance indignait l'âne; les guet-apens,
Les dols, les trahisons faisaient honte aux serpents;
Si bien que l'homme ayant rempli son âme immonde
D'abîmes, Dieu put dire au gouffre: Emplis le monde.

L'urne du gouffre alors se pencha. Le jour fuit;
Et tout ce qui vivait et marchait devint nuit.
Eve joignit les mains dans sa tombe profonde.

II

Tout avait disparu. L'onde montait sur l'onde.
Dieu lisait dans son livre et tout était détruit.
Dans le ciel par moments on entendait le bruit
Que font en se tournant les pages d'un registre.
L'abîme seul savait, dans sa brume sinistre,
Ce qu'étaient devenus l'homme, les voix, les monts.
Les cèdres se mêlaient sous l'onde aux goémons;

La vague fouillait l'antre où la bête se vautre.
Les oiseaux fatigués tombaient l'un après l'autre.
Sous cette mer roulant sur tous les horizons
On avait quelque temps distingué des maisons,
Des villes, des palais difformes, des fantômes
De temples dont les flots faisaient trembler les dômes;
Puis l'angle des frontons et la blancheur des fûts
S'étaient mêlés au fond de l'onde aux plis confus;
Tout s'était effacé dans l'horreur de l'eau sombre.
Le gouffre d'eau montait sous une voûte d'ombre;
Par moments, sous la grêle, au loin, on pouvait voir
Sur le blême horizon passer un coffre noir;
On eût dit qu'un cercueil flottait dans cette tombe.
Les tourbillons hurlants roulaient l'écume en trombe.
Des lueurs frissonnaient sur la rondeur des flots.
Ce n'était ni le jour, ni la nuit. Des sanglots,
Et l'ombre. L'orient ne faisait rien éclore.
Il semblait que l'abîme eût englouti l'aurore.
Dans les cieux, transformés en gouffres inouïs,
La lune et le soleil s'étaient évanouis;
L'affreuse immensité n'était plus qu'une bouche
Noire et soufflant la pluie avec un bruit farouche.
La nuée et le vent passaient en se tordant.
On eût dit qu'au milieu de ce gouffre grondant
On entendait les cris de l'horreur éternelle.

Soudain le bruit cessa. Le vent ploya son aile.
Sur le plus haut sommet où l'on pouvait monter
La vague énorme enfin venait de s'arrêter,
Car l'élément connaît son mystère et sa règle.
Le dernier flot avait noyé le dernier aigle.
On n'apercevait plus dans l'espace aplani
Que l'eau qui se taisait dans l'ombre, ayant fini.
Le silence emplissait la lugubre étendue.
La terre, sphère d'eau dans le ciel suspendue,
Sans cri, sans mouvement, sans voix, sans jour, sans bruit,
N'était plus qu'une larme immense dans la nuit.

III

Dans ce moment-là, tout étant dans l'insondable,
Un fantôme apparut sur l'onde formidable.
Ce géant était trombe, ouragan et torrent.
Des hydres se tordaient dans son oeil transparent;
Il semblait encor plein de la tempête enfuie;
Sa face d'eau tremblait sous ses cheveux de pluie;
Et voici ce que l'ombre effarée entendit:

Le géant se tourna vers le gouffre maudit,
Fit trois pas, et cria: - Chaos, reprends ce monde!

Une tête sortit de la brume profonde;
Aveugle, énorme, horrible, à l'autre bout des cieux;
Ayant deux gouffres noirs à la place des yeux;
Se dressa, pâle, et dit: - Je ne veux pas, déluge!

IV

LE DELUGE.
Reprends-le.

LE CHAOS.
Non.

LE DELUGE.
Il est rejeté.

LE CHAOS.
Par quel juge?

LE DELUGE.
Par Lui.

LE CHAOS.
Pourquoi?

LE DELUGE.

Le ver s'est glissé dans le fruit.
Le condamné d'en bas a soufflé dans la nuit
Le mal au cœur de l'homme à travers la nature;
L'homme, ouvert à l'erreur, au piège, à l'imposture,
Jusqu'au crime de vice en vice descendu,
Est devenu vipère, et sa bouche a mordu;
Le talon du Seigneur a senti la piqûre;
Et voilà ce qu'a fait, du fond de l'ombre obscure,
L'être qui vit sous terre au Dieu qui vit au ciel.
Ce monde était méchant et noir, l'être éternel
Le laisse tomber, monstre, et tu peux le reprendre.

LE CHAOS.
Pourquoi me l'a-t-il pris, si c'est pour me le rendre?

LE DELUGE.
J'ai roulé sur les monts le flot sombre et tonnant.
Tout est mort. J'ai fini; c'est à toi maintenant.
Reçois ce monde au fond de l'abîme où nous sommes.

LE CHAOS.
J'ai déjà les dragons, je ne veux pas des hommes.

V

L'éclair cria: - Silence aux pieds d'Adonaï! -
Et le chaos se tut dans le gouffre ébloui.

Et l'archange qui veille entre deux pilastres
Du seuil mystérieux plein d'yeux qui sont les astres,
Se courba sous l'azur sans oser faire un pas
Et dit au Dieu vivant: Le chaos n'en veut pas.
Et Dieu dit: Je consens que ce monde revive.

2. II. LA SORTIE DE L'OMBRE

I

L'eau baissa, comme un flux qui s'en va d'une rive,
Et les flots monstrueux, décroissant par degrés,
Descendirent du haut des monts démesurés.
Au-dessus de la terre une voix dit: Clémence!
Le crâne décharné de la noyée immense
Apparut, et l'horreur éclaira sous les cieux
Ce cadavre sans souffle et sans forme et sans yeux,
Les rochers, les vallons, et les forêts mouillées
Qui pendaient à son front de marbre, échevelées.
L'antre, où les noirs arrêts dans l'ombre étaient écrits,
Semblait la bouche ouverte encor pleine de cris;
Les monts sortaient de l'eau comme une épaule nue.
Comme l'onde qui bout dans l'airain diminue,
L'océan s'en allait, laissant des lacs amers.
Ces quelques flaques d'eau sont aujourd'hui nos mers.
Tout ce que le flot perd, la nature le gagne.
L'île s'élargissant se changeait en montagne;
Les archipels grandis devenaient continents.
De son dos monstrueux poussant leurs gonds tournants,
Le déluge fermait ses invisibles portes.
Les ténèbres dormaient sur les profondeurs mortes,
Et laissaient distinguer à peine l'ossement
Du monde, que les eaux découvraient lentement.
Soudain, réverbérée au vague front des cimes,
Une lueur de sang glissa sur les abîmes;
On vit à l'horizon lugubrement vermeil
Poindre une lune rouge, et c'était le soleil.

Pendant quarante jours et quarante nuits sombres,
La mer, laissant à nu d'effroyables décombres,
Recula, posant l'arche aux monts près d'Henocha,
Puis ce lion, rentré dans l'antre, se coucha.

II

Dieu permit au soleil de jeter l'étincelle.
Alors un bruit sortit de l'ombre universelle,
Le jour se leva, prit son flambeau qui blêmit,
Et vint; le vent, clairon de l'aube, se remit
A souffler; un frisson courut de plaine en plaine;
L'immensité frémit de sentir une haleine,
La montagne sourit, l'espace s'éveilla,
Et le brin d'herbe au bord des eaux, dit: Me voilà!

Mais tout était hagard, morne et sinistre encore,
Et c'est dans un tombeau que se levait l'aurore.

III

Derrière ces grands monts où plus tard l'aube a lui
Et que nous appelons les Alpes aujourd'hui,
Un marais descendait vers l'océan sans borne.
Dans ce désert vaste, âpre, impénétrable et morne,
Comme un ver qui se glisse à travers les roseaux,
Un fleuve, né d'hier, traînait ses pâles eaux,
Et découpait une île au pied d'un coteau sombre,
Sans savoir qu'en ces joncs, pleins de souffles sans nombre,
Germait, foetus géant, la plus grande des Tyrs.
Le coteau, qui plus tard fut le mont des martyrs,
Lugubre, se dressait sur l'île et sur le fleuve.
L'oiseau, l'être qui va, la bête qui s'abreuve,
Etaient absents; l'espace était vide et muet,
Et le vent dans les cieux lentement remuait
Les sombres profondeurs par les rayons trouées.
Dans la fange expiraient des hydres échouées.

C'est dans cet endroit-là, tout étant mort, pendant
Que les nuages gris croulaient sur l'occident
Comme de grands vaisseaux qui dans la nuit chavirent,
C'est là que les forêts et les collines virent
Soudain, tout se taisant dans l'univers détruit,
Un voile blanc marcher droit dans l'ombre et sans bruit;
Et l'ombre eut peur; et l'arbre, et la vague, et l'étoile,

Et les joncs, frissonnaient de voir passer ce voile.
Il allait, comme si quelqu'un était dessous.
Les êtres du passé, dans la vase dissous,
Semblaient, cherchant encore à tordre leurs vertèbres,
Rouvrir quand il passait leurs yeux pleins de ténèbres.
Le ciel qui s'entr'ouvrait referma son azur.

Tout à coup une voix sortit du voile obscur;
Le flot, qui sous le vent redevenait sonore,
Se tut, et quatre fois cette voix vers l'aurore,
Vers le sud, vers le triste occident, vers le nord,
Cria: Je suis Isis, l'âme du monde mort!

IV

Un long frisson émut le cadavre; la fange,
Pleine de monstres morts, fit une plainte étrange;
Et le spectre se mit à parler dans les vents:
Il a pu noyer l'homme et les êtres vivants,
Mais il n'a pu tuer l'airain, le bois, la pierre.
Or, nature qui viens de fermer la paupière,
Ecoute, écoutez-moi, flots, rochers, vents du ciel,
Car, ô témoins pensifs du deuil universel,
Il faut que vous sachiez ces sombres aventures:
Lorsque Caïn, l'aïeul des noires créatures,
Eut terrassé son frère, Abel au front serein,
Il le frappa d'abord avec un clou d'airain,
Puis avec un bâton, puis avec une pierre;
Puis il cacha ses trois complices sous la terre
Où ma main qui s'ouvrait dans l'ombre les a pris.
Je les ai. Sachez donc ceci, vents, flots, esprits,
Tant qu'il me restera dans les mains ces trois armes,
Je vaincrai Dieu; matin, tu verseras des larmes!
L'être qui vit sous terre et moi, nous lutterons.
Si Dieu veut sous les eaux engloutir les affronts,
Les haines, les forfaits, le meurtre, la démence,
Les fureurs, il faudra toujours qu'il recommence.
Oui, les déluges noirs, pareils aux chiens grondants
Qui veulent qu'on les lâche et qui montrent les dents,

Tant que le vieux Caïn vivra sous ces trois formes,
Pourront à l'horizon gonfler leurs flots énormes.

V

Le voile en s'écartant laissa voir dans deux mains
Un bâton, une pierre arrachée aux chemins,
Puis un long clou, semblable au verrou d'une porte;
Et si, dans ce tombeau de la nature morte,
Quelque oeil vivant eût pu rester dans l'ombre ouvert,
Sur le clou, sur le bois noueux et jadis vert,
Et sur l'affreux caillou pareil aux crânes vides,
Cet oeil eût distingué trois souillures livides;
Et le spectre montra ces trois taches au ciel,
Et cria: Cieux profonds! Voici du sang d'Abel!

Alors une lueur sortit, sinistre et sombre,
De ces trois noirs témoins des temps qui sont dans l'ombre;
L'être toujours voilé, blanc et marchant sans bruit,
Se pencha vers la terre et cria dans la nuit,
Et comme s'il parlait à quelqu'un sous l'abîme:
- O père! J'ai sauvé les trois germes du crime!

Sous la terre profonde un bruit sourd répondit.

Il reprit: - Clou d'airain qui servis au bandit,
Tu t'appelleras Glaive et tu seras la guerre;
Toi, bois hideux, ton nom sera Gibet; toi, pierre,
Vis, creuse-toi, grandis, monte sur l'horizon,
Et le pâle avenir te nommera prison.

Chapitre 3

Livre premier : Le Glaive

1. STROPHE PREMIÈRE. NEMROD

I

De nouveaux jours brillaient; la terre était vivante;
Mais tout, comme autrefois, était plein d'épouvante.
L'ombre était sur Babel et l'horreur sur Endor.
On voyait le matin, quand l'aube au carquois d'or
Lance aux astres fuyants ses blanches javelines,
Des hommes monstrueux assis sur les collines;
On entendait parler de formidables voix,
Et les géants allaient et venaient dans les bois.

II

Nemrod, comme le chêne est plus haut que les ormes,
Etait le plus grand front parmi ces fronts énormes;
Il était fils de Chus, fils de Cham, qui vivait
En Judée et prenait le Sina pour chevet.
Son aïeul était Cham, le fils au rire infâme,
Dont Noë dans la nuit avait rejeté l'âme.
Cham, depuis lors, grondait comme un vase qui bout.
Cham assis dépassait les colosses debout,
Et debout il faisait prosterner les colosses.
Il avait deux lions d'Afrique pour molosses.
Atlas et lc Liban lugubrc au sommet noir
Tremblaient quand il jouait de la flûte le soir;
Parfois Cham, dans l'orage ouvrant ses mains fatales,
Tâchait de prendre au vol l'éclair aux angles pâles;
Arrachant la nuée, affreux, blême, ébloui,
Il bondissait de roche en roche, et devant lui,
Le tonnerre fuyait comme une sauterelle.

Si l'ouragan passait, Cham lui cherchait querelle.
Quand il fut vieux, Nemrod le laissa mourir seul.
Ayant ri comme fils, il pleura comme aïeul.
Donc Nemrod était fils de ces deux hommes sombres.
La terre était encore couverte de décombres
Quand était né, sous l'oeil fixe d'Adonaï,
Ce Nemrod qui portait tant de ruine en lui.

Etant jeune, et, chassant les lynx dans leur refuge,
Il avait, en fouillant les fanges du déluge,
Trouvé dans cette vase un clou d'airain, tordu,
Colossal, noir débris de l'univers perdu,
Et qu'on eût dit forgé par les géants du rêve;
Et de ce clou sinistre il avait fait son glaive.
Nemrod était profond comme l'eau Nagaïn;
Son arc avait été fait par Tubalcaïn
Et douze jougs de bœuf l'eussent pu tendre à peine;
Il entendait marcher la fourmi dans la plaine;
Chacune de ses mains, affreux poignets de fer,
Avait six doigts pareils à des gonds de l'enfer;
Ses cheveux se mêlaient aux nuages sublimes;
Son cor prodigieux qui sonnait sur les cimes
Etait fait d'une dent des antiques mammons,
Et ses flèches perçaient de part en part les monts.

III

Un jour, il vit un tigre et le saisit; la bête
Sauta, bondit, dressa son effroyable tête,
Et se mit à rugir dans les rocs effrayés
Comme la mer immense, et lui lécha les pieds;
Et quand il eut dompté le tigre, il dompta l'homme;
Et quand il eut pris l'homme, il prit Dan, Tyr, Sodome,
Suze, et tout l'univers du Caucase au delta,
Et quand il eut conquis le monde, il s'arrêta.

Alors il devint triste et dit: Que vais-je faire?

IV

Son glaive nu donnait le frisson à la terre.
Derrière ce glaive âpre, affreux, hideux, rouillé,
La Guerre, se dressant comme un pâtre éveillé,
Levait à l'horizon sa face de fantôme.
Et, tout tremblants, au fond des cités, sous le chaume,
Les hommes éperdus distinguaient dans la nuit,
Fronde en main, et soufflant dans des trompes épiques,
Cet effrayant berger du noir troupeau des piques.
Ce spectre était debout à droite de Nemrod.

Nemrod, foulant aux pieds la tiare et l'éphod,
Avait atteint, béni du scribe et de l'augure,
Le sommet sombre où l'homme en dieu se transfigure.
Il avait pour ministre un eunuque nommé
Zaïm, et vivait seul, dans sa tour enfermé.
L'eunuque lui montrait du doigt le mal à faire.
Et Nemrod regardait comme l'aigle en son aire;
Ses yeux fixes faisaient hurler le léopard.
Quand on disait son nom sur terre quelque part,
La momie ouvrait l'oeil dans la grande syringe,
Et les peuples velus à la face de singe
Qui vivent dans des trous à la surface du Nil
Tremblaient comme des chiens qui rentrent au chenil.
Les bêtes ne savaient s'il était homme ou bête.
Les hommes sous Nemrod comme sous la tempête
Se courbaient; il était l'effroi, la mort, l'affront;
Il avait le baiser de l'horreur sur le front;
Les prêtres lui disaient: O Roi, Dieu vous admire!
Ur lui brûlait l'encens, Tyr lui portait la myrrhe.
Autour du conquérant le jour était obscur.
Il en avait noirci des deux côtés l'azur;
A l'orient montait une sombre fumée
De cent villes brûlant dans la plaine enflammée;
Au couchant, plein de mort, d'ossements, de tombeaux,
S'abattait un essaim immense de corbeaux;
Et Nemrod contemplait, roi de l'horreur profonde,
Ces deux nuages noirs qu'il faisait sur le monde,
Et les montrait, disant: Nations, venez voir

Mon ombre en même temps sur l'aube et sur le soir.

2. STROPHE DEUXIÈME. CEUX QUI PARLAIENT DANS LE BOIS

I

Pendant qu'on l'adorait, l'eunuque son ministre
Chantait d'une voix douce au fond du bois sinistre :

Mourez, vivants! Croulez, murs! Séchez-vous, sillons!
Tombez, mouches du soir, peuples, vains tourbillons!
Blanchissez, ossements! Pleurs, coulez! Incendies
Etendez sur les monts vos pourpres agrandies!
Cités, brûlez au vent! Cadavres, pourrissez!
Jamais l'eunuque noir ne dira : C'est assez!
Car ce banni rugit sur l'éden plein de flamme;
Car ce veuf de l'amour est en deuil de son âme;
Car il ne sera pas le père au front joyeux;
Car il ne verra point une femme aux doux yeux
Emplir, assise au seuil de la maison morose,
La bouche d'un enfant du bout de son sein rose!
Je suis du paradis le témoin torturé.
O vivants, je me venge, et le maître exécré,
C'est moi qui l'ai lâché sur la terre où nous sommes;
J'ai vu Nemrod errant dans la forêt des hommes;
J'ai fait un tigre avec ce lion qui passait.
Je jette ma pensée, invisible lacet,
Et je sens tressaillir dans ce filet le monde.
L'arbre est vert; j'applaudis la hache qui l'émonde;
Des hommes dévorés j'écoute les abois;
Chasse, ô Nemrod! - C'est moi qui au glaive : bois!
Et j'attise à genoux la guerre, moi l'envie.
Les autres êtres sont les vases de la vie,
Moi je suis l'urne horrible et vide du néant.
Je verse l'ombre. Nain, j'habite le géant;
Toutes ses actions composent ma victoire;
Il est le bras farouche et je suis l'âme noire.
La guerre est. Désormais, dans mille ans, ou demain,
Toute guerre sera parmi le genre humain
Une flèche de l'arc de Nemrod échappée.
O Nemrod, premier roi du règne de l'épée,

Va! c'est fait. L'âme humaine est allumée, et rien
Ne l'éteindra. L'indou, l'osque, l'assyrien,
Ont mordu dans la chair comme Eve dans la pomme.
La guerre maintenant ne peut s'arrêter, l'homme
Ayant bu du sang d'homme et l'ayant trouvé bon.
L'embrasement sans fin naîtra du vil charbon.
Mort! l'homme va crouler sur l'homme en avalanche.
Mort! l'humanité noire et l'humanité blanche,
Les grands et les petits, les tours et les fossés
Vont se heurter ainsi que des flots insensés.
Temps futurs! lutte, horreur, tas sanglants, foules viles!
Chaînes autour des camps, chaînes autour des villes,
Marches nocturnes, pas ténébreux, voix dans l'air;
Les tentes sur les monts, les voiles sur la mer!
O vision! chevaux aux croupes pommelées!
O tempêtes de chars et d'escadron! mêlées!
Nuages d'hommes, chocs, panaches, éperons!
Bouches ivres de bruit soufflant dans des clairons!
Les casques d'or; les tours sonnant des funérailles;
Des murailles sans fin; d'où sortez-vous, murailles?
Des champs dorés changés en gueules de l'enfer;
Les hydres légions aux écailles de fer;
Des glaives et des yeux tourbillonnant en trombes;
La semence des os faisant lever des tombes;
L'orgueil aveugle aux chants joyeux, chaque troupeau
Promenant son linceul qu'il appelle drapeau;
Des vaisseaux se mordant avec des becs difformes,
Si bien que la mer glauque et l'onde aux plis énormes,
Les gouffres, les écueils, verront l'homme hideux,
Et que Léviathan dira : Nous sommes deux!
O tumulte profond des siècles dans la haine!
Abrutissement fauve et fou! terreur! géhenne!
Obscurité! furie à toute heure, en tout lieu!
Sinistre cliquetis de l'homme contre Dieu!
Combattants! combattants! sortez des nuits profondes.
Les uns viendront avec des haches et des frondes;
Des bêtes de la mort faites par l'homme horrible.
Des couleuvres de bronze au cou long et terrible
Souffleront et feront s'envoler à grand bruit
Le cheval, la fanfare et l'homme dans la nuit.

On meurt! on meurt! hiboux, corbeaux, noires volées!
Villes prises d'assaut! ô femmes violées!
O vengeance! - tuez! pourquoi? pour rien. Allez.
Ils tueront. Ils tueront, de massacres essoufflés,
Le riche en son palais, les pauvres dans les bouges,
Et se proposeront, portant des urnes rouges,
D'emplir avec du sang le sépulcre sans fond.
Tuez. Ce que Dieu fit, les hommes le défont.
Bien. O guerre! ô dragon qui dans l'ombre me lèches!
Le grand ciel est rayé d'un ouragan de flèches!
Bien. Guerre, roule-toi sur les peuples agneaux;
Noue à l'humanité tes lugubres anneaux;
Guerre! L'homme content veux que tu l'extermines.
Détruis! fais fourmiller les légions vermines.
Mange! Mange les camps, les murs, les chars mouvants,
Mange les tours de pierre et les ventres vivants;
Mange les dieux et mange aussi les rois; travaille;
Mange le laboureur, le soc, l'épi, la paille,
Le champ; mange l'abeille et mange l'alcyon;
Sois le ver monstrueux du fruit création.
Dieu! Pourquoi créas-tu la mort? l'homme invente;
L'eunuque bat des mains, ébloui d'épouvante.
Tuez, tuez! - Au nord, au couchant, au midi,
Partout, cercle effroyable et sans cesse agrandi,
La bataille repaît mes yeux visionnaires.
Oh! le sombre avenir roule plein de tonnerres!
Oh! dans l'air à jamais je vois la mort sifflant!
Oh! je vois à jamais saigner la guerre au flanc
De l'humanité triste, affreuse et criminelle;
Et le mutilé rit à la plaie éternelle!
Les races sécheront comme un torrent d'été;
La vierge sera veuve avant d'avoir été;
La mère pleurera d'avoir été féconde,
O joie! - En ce moment Nemrod est seul au monde;
La terre est encor faible et n'en peut porter qu'un;
Mais le ciel germera sous le ciel importun,
Mais vous pullulerez, ô glaive, ô cimeterre;
Quel spectacle quand tout se mordra sur la terre,
Et quand tous les Nemrods se mangeront entr'eux!
Parfois je vais, au bord d'un fleuve ténébreux,

Regarder, sur le sable ou dans les joncs d'une île,
Le vautour disputer sa proie au crocodile;
Chacun veut être seul, chacun veut être roi,
Chacun veut tout; et moi, je ris des cris d'effroi
Que poussent les roseaux de l'Euphrate ou du Tigre
Quand le lézard brigand lutte avec l'oiseau tigre.
Ainsi, peuples, de loin, je savoure vos deuils.
Vous avez les berceaux, vivants! J'ai les cercueils.
J'aspire le parfum des corps sans sépulture.
Ah! pourquoi m'a-t-on pris ma part de la nature!
Vous m'avez arraché du sein qui m'échauffait,
Quand j'étais tout petit, moi qui n'avais rien fait!
Vous avez tué l'homme et laissé l'enfant vivre!
Soyez maudits! Je hais. Ma propre horreur m'enivre.
Malheur à ce qui vit! Malheur à ce qui luit!
Je suis le mal, je suis le deuil, je suis la nuit.
Malheur! Pendant qu'au bois le loup étreint la louve,
Pendant que l'ours ému cherche l'ourse et la trouve,
Que la femme est à l'homme, et le nid à l'oiseau,
Que l'air féconde l'eau tremblante, le ruisseau
L'herbe, et que le ramier s'accouple à la colombe,
Moi l'eunuque, j'ai pris pour épouse une tombe!

II

Et dans le même bois et de l'autre côté
Un lépreux s'écriait :

Nature! immensité!
Etoiles! profondeurs! fleurs qu'en tremblant je nomme,
Ne maudissez pas que moi! soyez bonnes pour l'homme!
O Dieu, quand je suis né, vous ne regardiez pas.
La lèpre, rat hideux de la cave trépas,
Me ronge, et j'ai la chair toute déchiquetée.
Je suis la créature immonde et redoutée.
La terre ne m'a pris que pour me rejeter.
Les buissons ont pitié de me voir végéter;
Ce qu'ils ont en bourgeons sur moi croît en pustules.
Ma peau, quand je suis nu, fait peur aux tarentules.

De loin, au chevrier, au pâtre, au laboureur,
J'apparais, spectre, avec le masque de l'horreur.
La lèpre erre sur moi comme un lierre sur l'orme.
La sève qui, gonflant tout de son flot énorme,
Emplit de lionceaux les antres, les doux nids
De soupirs, de rameaux les arbres rajeunis,
La rose de parfums et l'espace de mondes,
Me fait manger vivant par des bêtes immondes!
Je suis le souffle peste et le toucher poison;
Je suis dans une plaie un esprit en prison,
Ame qui pleure au fond d'une fange qui saigne,
Je suis ce que le pied foule, écrase et dédaigne,
L'ordure, le rebut, le crapaud du chemin,
Le crachat de la vie au front du genre humain.
Je me tords, enviant la beauté des chenilles.
Mon reflet rend la source horrible; mes guenilles
Montrent ma chair, ma chair montre mes os; je suis
L'abjection du jour, l'infection des nuits.
Ainsi qu'un fruit pourri, la vie est dans ma bouche.
J'ai beau me retourner sur la cendre où je couche,
Je ressemble au remords qui ne peut pas dormir.
Quand je sors, ma maison a l'air de me vomir;
Quand je rentre, je sens me résister ma porte.
Seigneur! Seigneur! je suis importun au cloporte,
Le chien me fuit, l'oiseau craint mon front qui pâlit,
Et le porc monstrueux regarde mal mon lit.
Sous le ciel profond et bleu, mon âme est seule.
Ma bouche n'ose pas même baiser la gueule.
L'antre en me voyant gronde et devient soucieux.
Chaque jour rayonnant qui passe sous les cieux
Est un bourreau qui vient me traîner dans la claie.
Le tesson du bourbier, dont j'ai raclé ma plaie,
Va s'en plaindre à la fange et dit : il m'a sali.
Tout est votre pensée et je suis votre oubli,
Seigneur; le mal me tient sous sa griffe cruelle.
Des enfants en riant m'ont cassé mon écuelle;
Je n'ai plus que ma main lépreuse pour puiser
L'eau dans le creux du roc où l'air vient la verser,
De sorte qu'à présent je bois dans mon ulcère.
Seigneur! Seigneur! je suis dans le cachot misère.

La création voit ma face et dit : dehors!
La ville des vivants me repousse, et les morts
Ne veulent pas de moi, dégoût des catacombes.
Le ver des lèpres fait horreur au ver des tombes.
Dieu! je ne suis pas mort et ne suis pas vivant.
Je suis l'ombre qui souffre, et les hommes trouvant
Que pour l'être qui pleure et qui rampe et se traîne,
C'était trop peu du chancre, ont ajouté la haine.
Leur foule, ô Dieu, qui rit et qui chante, en passant
Me lapide saignant, expirant, innocent;
Ils vont marchant sur moi comme sur de la terre;
Je n'ai pas une plaie où ne tombe une pierre.
Eh bien! je suis content, Dieu, si je souffre seul!
Eh bien! je tire à moi tous les plis du linceul
Pour qu'il n'en flotte rien sur la tête des autres!
Eh bien! je ne sais pas quelles lois sont les vôtres,
Mais, dans mon anathème et mon accablement,
Je le dis, puisse, ô Dieu du profond firmament,
Du fond de ma nuit noire, en ce monde où nous sommes,
Mon malheur rayonner en bonheur sur les hommes!
Qu'ils vivent dans la joie et l'oubli, jamais las!
Ce qu'il vous doit, ô Dieu, l'homme l'ignore hélas!
Oh! que je sois celui qui pleure et qui rachète!
Laissez-moi vous payer leur rançon en cachette,
Dieu bon, par qui Noë connut le raisin mûr!
Femmes qui, si ma tête ose passer mon mur,
Si je tâche en passant de voir votre lumière,
Frémissantes, crachez sur ma pauvre chaumière,
Et qui vous enfuyez avec des cris d'effroi,
Que Dieu vous donne, hélas! L'amour qu'il m'ôte à moi!
Je vous bénis. Chantez dans cette vie amère.
Petit enfant qui tiens la robe de ta mère,
Et qui, si tu me vois songeant sous l'infini,
Dis : Mère, quel est donc ce monstre? sois béni.
Vous hommes, qui riez des pleurs de mes paupières,
O mes frères lointains qui me jetez des pierres,
Soyez bénis! bénis sur terre et dans les cieux!
Pères, dans vos enfants, et, fils, dans vos aïeux!
Car, puisque l'eau veut bien que ma lèvre la touche,
La bénédiction doit sortir de ma bouche,

Puisque mon bras peut prendre un fruit dans le chemin,
La bénédiction doit tomber de ma main,
Et, Ciel, puisque mon oeil voit ta face éternelle,
La bénédiction doit emplir ma prunelle!
Oui, j'ai le droit d'aimer! J'ai le droit de pencher
Mon cœur sur l'homme, l'arbre et l'onde et le rocher;
J'ai le droit de sacrer la terre vénérable
Etant le plus abject et le plus misérable!
Je dois bénir le plus étant le plus maudit.
Donc, terre, monts sacrés dont Adam descendit,
Fleuves, je vous bénis, et je vous bénis, plaines;
Vous tous, êtres! oiseaux, moutons aux blondes laines,
Fourmis des bois, pasteurs dans vos tentes de crin,
Toi, mer, qui resplendis comme un liquide airain,
Bêtes qui ressemblez à des branches horribles,
Fleurs dont les parfums sont des rayons invisibles,
Ciel qui nous dis tout bas dans l'ombre : je suis près;
Nocturnes profondeurs des muettes forêts,
Sources qui répandez vos murmures dans l'herbe,
Joncs frémissants qu'émeut le souffle, né du verbe,
Bœuf qui mugis, lion qui vas, chevreau qui pais,
Soyez dans la lumière et soyez dans la paix!
Moi je dois me cacher, l'homme n'est pas mon hôte;
J'ai la nuit. Pourquoi suis-je horrible? C'est ma faute.
Pardonnez-moi! pardon, ô femme! pardon, fleur!
Pardon, jour! - entrouvrant ses lèvres de douleur,
Mon ulcère, ô vivants, tâche de vous sourire.
Oui, vous avez bien fait, frères, de me proscrire
Puisque je souffrais tant que je vous faisais peur.
C'est de l'amour qui sort quand vous broyez mon cœur.
Le lépreux y consent, vivez, homme et nature!
Dans le ciel radieux je jette ma torture,
Ma nuit, ma soif, ma fièvre et mes os chassieux,
Et le pus de ma plaie et les pleurs de mes yeux,
Je les sème au sillon des splendeurs infinies,
Et sortez de mes maux, biens, vertus, harmonies!
Répands-toi sur la vie et la création,
Sur l'homme et sur l'enfant, lèpre! et deviens rayon!
Sur mes frères que l'ombre aveugle de ses voiles,
Pustules, ouvrez-vous et semez les étoiles!

O Dieu! dont ici-bas tout n'est que la vapeur,
O Dieu, rayonnement qu'adore ma stupeur,
O Dieu, qui portez l'astre et tenez le tonnerre,
Clarté que l'aigle montre aux aiglons dans son aire,
Ame! abîme! écoutez la prière du ver!
Faites devant l'été décroître l'âpre hiver,
La triste nuit devant l'aurore, les misères
Devant l'homme, les maux devant le bien, les serres
Devant le doux oiseau, les loups devant le daim!
Ramenez par la main le couple dans Eden.
Réconciliez l'être, ô père, avec les choses.
Arrachez doucement les épines des roses.
Faites que la brebis admire le lion.
Supprimez le combat, le choc, le talion;
Soufflez sur les fureurs et les horreurs humaines,
Et faites une fleur avec toutes ces haines!
Versez sur tous leurs fronts la sereine beauté.
O songeur de l'obscure et calme éternité,
Etre mystérieux dont les sphères débordent,
Dieu! faites se baiser les bouches qui se mordent;
Emplissez de bonheur les rameaux verts, mettez
La femme dans la grâce et l'homme à ses côtés;
Faites mûrir le fruit; faites lâcher la proie;
Faites des berceaux blancs sortir un bruit de joie,
Croître le lys, fleurir l'arbre, rire le jour,
Et sous l'immense azur chanter l'immense amour!

Et les astres voyaient dans les splendeurs profondes,
Pendant que, bénissant l'homme, les plaines blondes,
Les grands fleuves, les bois, les monts silencieux,
S'ouvrait et se dressait lentement vers les cieux,
La main du lépreux, noire, affreuse, triste et frêle,
La main de Jéhovah se lever derrière elle.

3. STROPHE TROISIÈME. SELON ORPHÉE ET SELON MELCHISÉDECH

I

Dans son désœuvrement Nemrod, d'ombre chargé,
Ravagea de nouveau le monde ravagé,
Recommença, brûla deux fois les mêmes villes,
Rougit la vaste mer du flamboiement des îles,
Brûla Ségor, brûla Gergesus, brûla Tyr.
Puis, ayant tout détruit, il se mit à bâtir.
Il construisit Achad, il créa Babylone,
Il bâtit Gour dans l'ombre où le vent tourbillonne,
Resen dans les palmiers, Chalanné sur les monts;
Lieux qu'on ne nommait pas comme nous les nommons.
Il fit, pour abriter Pytiunte et Dioscure,
Un mur énorme au fond de la Tauride obscure;
Il habilla d'acier ses soldats triomphants;
Il fit trembler des tours au dos des éléphants;
Il troua le Caucase ébranlé sur son axe;
Il versa dans la mer le Cyrus et l'Araxe;
Mais rien n'emplit son âme; il disait: J'ai vécu.
Que faire? et, chaque jour, plus las et plus vaincu,
Morne, il sentait monter dans son cœur solitaire
L'immense ennui d'avoir conquis toute la terre.

II

L'an deux mille, Nemrod, passant les flots émus,
Vint jusqu'à Dodanim que nous nommons l'Hémus.
Là, dans un noir désert dont le lion est l'hôte,
Il entendit quelqu'un qui parlait à voix haute.
C'était Orphée. Orphée au front calme, écouté
Par la sombre nature émue à sa clarté,
Homme à qui se frottait le dos des bêtes fauves,
Racontait aux forêts, aux vents, aux vieux monts chauves,
La bataille où les dieux vainquirent les typhons.
Voici ce que disait Orphée aux bois profonds:

«Les géants n'avaient plus de montagnes. Leur fuite
«Commençait, et l'Europe était presque détruite.
«Ils avaient entassé Pinde, Ossa, Pélion,
«Rhodope, et ces monts noirs d'où fuyait le lion,
«Nus, renversés, fumaient d'éclairs et de brûlures,
«Et leurs torrents pendaient comme des chevelures.
«Et les géant s couraient vers les mers où fut Tyr.
«Ils voyaient les dieux vaincre, et Neptune engloutir
«Oromédon sous Cos, Polybe sous Nisyre.
«Thryx embrasé fondait comme un flambeau de cire.
«Porphyrion, levant ses mains vides, criait
«A la terre, rôdant au loin, spectre inquiet:
«Mais apporte-nous donc une montagne, mère!
«Crès, par la foudre étreint, lui jetait l'onde amère.
«Andès, frère d'Astrée et père de Thallo,
«S'en allait à grands pas au plus profond de l'eau,
«Et jusqu'à la ceinture avait la mer Egée;
«Zeus Jupiter vint, la main d'éclairs chargée,
«Et lui cria: Sois pierre, ô monstre! Et le géant
«Vit Zeus, devint roche et s'arrêta béant.
«Et Titan dit: Merci! tu nous donnes des armes!
«Et, pendant que tremblait la terre, aïeule en larmes,
«Il courut, et, prenant Andès par le milieu,
«Il jeta le géant à la tête du dieu.»

Et Nemrod rêveur dit: Titan est mon ancêtre.

Il revint vers les monts où l'on voit l'aube naître;
Il rentra dans Assur que la splendeur revêt.
Son glaive, d'où la guerre était sortie, avait
Une tache inconnue, empreinte indélébile,
Que Nemrod par moments contemplait immobile.

Un soir, dans un lieu sombre où marchait ce bandit,
Une voix qui parlait dans un rocher, lui dit:
- Passe, Dieu reste. - Et lui, cria: J'ai pour royaume
Le monde; toi, qu'es-tu? - La voix reprit: - Fantôme,
Je suis Melchisédech, je vivrai dans mille ans. -
Nemrod dit: - Qu'as-tu vu depuis que dans ses flancs

Ce roc t'enferme? - Et l'être enfoui sous la pierre
Dit: «- Je suis âme, et l'âme est un oeil sans paupière.
«Le monde a commencé par être horrible. Avant
«Que le front se dressât plein de l'esprit vivant,
«Avant que, dominant l'animal et la plante,
«La pensée habitât la prunelle parlante,
«Et qu'Adam, par la main tenant Eve, apparût,
«L'ébauche fourmillait dans la nature en rut,
«Le poulpe aux bras touffus, la torpille étoilée,
«D'immenses vers volants, dont l'aile était onglée,
«De hauts mammons velus, nés dans les noirs limons,
«Troublaient l'onde, ou levaient leurs trompes sur les monts.
«Sous l'enchevêtrement des forêts inondées
«Glissaient des mille-pieds, long de cinq cent coudées,
«Et de grands vibrions, des volvoces géants
«Se tordaient à travers les glauques océans.
«L'être était effrayant. La vie était difforme.
«Partout rampait l'impur, l'affreux, l'obscur, l'énorme.
«La vermine habitait le globe chevelu.
«Et l'homme était absent; Dieu n'ayant pas voulu
«Donner ce noir spectacle à voir à l'âme humaine.
«Satan, dans ce lugubre et féroce domaine,
«Passait, comme un chasseur qui souffle dans son cor;
«Mais, avant ce temps-là, c'était plus sombre encor.
«Tout l'univers n'était qu'une morne fumée.
«Ainsi que des oiseaux dans une main fermée,
«L'horreur tenait captifs le germe et l'élément.
«Un tout, qui n'était rien, vivait confusément.
«Des apparitions flottaient sur l'insondable.
«Au fond de cette brume étrange et formidable,
«Comme si, quoique rien ne fût encor puni,
«Le gouffre eût essayé d'engloutir l'infini,
«On voyait, aux lueur des visions funèbres,
«S'ouvrir et se fermer la gueule des ténèbres.
«Partout apparaissait, à l'oeil épouvanté,
«La face du néant, faite d'obscurité.
«A chaque instant, le fond redevenait la cîme;
«Et, comme une nuée au-dessus d'un abîme,
«Dans cette ombre où rampaient les larves des fléaux,
«Le monstre Nuit planait sur la bête Chaos.

«C'était ainsi quand Dieu se levant, dit à l'ombre:
«Je suis. Ce mot créa les étoiles sans nombre,
«Et Satan dit à Dieu: Tu ne seras pas seul.»

Nemrod pensif cria: - Satan est mon aïeul.

III

Il resta trente jours au fond des solitudes
Rêvant par les rocs aux sombres attitudes;
Quand il revint son oeil brillait comme un flambeau.
Son eunuque Zaïm, plus noir que le tombeau,
Se prosternant, lui dit: - Roi, vous avez la terre.
Vous êtes roi d'Assur, dont Tyr est tributaire.
Il a suffi qu'Assur vînt pour qu'il triomphât
Aux sources de Cadès qu'on nomme aussi Misphat.
Dieu règne moins que vous. Votre face est sacrée.
Et vous faites couler, sur la terre qu'il crée,
Des rivières de sang près de ses fleuves d'eau.
L'homme porte Nemrod, et l'âne porte son fardeau.
A qui sont les palmiers d'Edom, l'herbe fleurie
D'Hébron, les trois cents tours qui gardent Samarie?
A vous. A qui les fronts, les yeux et les genoux
Des vieillards, des enfants et des femmes? A vous.
A qui l'Ibère brun qui parle avec emphase?
A vous. Sarapanis, citadelle de Phase?
A vous. Vous avez pris, sous les dattiers lointains,
Sa ville à Phetrusim, père des philistins.
Le Nil est votre chien, Thèbe est votre captive.
Trois chars passent de front sur les murs de Ninive;
Et Ninive est à vous. Gour veut vous obéir.
Sidon, les horréens dans les monts de Seïr,
Ophir, les bijoutiers qui sculptent les ivoires
Dans Cariathaïm, la ville aux portes noires,
Tout est à vous; Sichem, Chanaan, Hazerod.
Il ne reste plus rien.

- Que le ciel, dit Nemrod.

4. STROPHE QUATRIÈME. L'EXODE DE NEMROD

I

Il s'en retourna seul au désert; et cet homme,
Ce chasseur, c'est ainsi que la terre le nomme,
Avait un projet sombre; et les vagues démons
Se le montraient du doigt. Il prit sur de grands monts
Que battaient la nuée et l'éclair et la grêle,
Quatre aigles qui passaient dans l'air, et sous leur aile
Il mit tout ce qu'il put de la foudre et des vents.
Puis il écartela, hurlant, mordant, vivants,
Entre ses poings de fer, quatre lions lybiques,
Et suspendit leurs chairs au bout de quatre piques.
Puis le géant rentra dans Suze aux larges tours,
Et songea trente jours; au bout des trente jours,
Nemrod prit dans sa main les aigles, sur sa nuque
Chargea les lions morts, et, suivi de l'eunuque,
S'en alla vers le mont Ararat, grand témoin.
Il monta vers la cime où les peuples de loin
Voyaient trembler au vent le squelette de l'arche.
Il atteignit le faîte en deux heures de marche.
L'arche en voyant Nemrod trembla. Le dur chasseur
Prit ces débris, verdis dans leur lourde épaisseur
Par la terre mouillée, antique marécage,
Et de ces madriers construisit une cage,
Chevillée en airain, carrée, à quatre pans,
Et sur les trous du bois mit des peaux de serpents;
Et cette cage, vaste et sinistre tanière,
Pour toute porte avait deux trappes à charnière,
L'une dans le plafond, l'autre dans le plancher.
Et l'eunuque tremblait et n'osait approcher.
Nemrod debout foulait le pic inabordable.
Il allait et venait, charpentier formidable;
La terre l'écoutait remuer sur le mont;
Le bruit de son marteau, troublant l'éther profond,
Faisait au loin lever la tête aux monts Carpathes;
Accroupis, devant Thèbe allongeant leurs deux pattes,
De leur oeil fixe où l'ombre a l'air de rayonner,

Les sphynx le regardaient, cherchant à deviner.
Et la mer Caspienne en bas rongeait la grève.

Au bout d'un long sapin il attacha son glaive,
Puis pesa dans sa main ce vaste javelot,
Et dit: c'est bien. Le mont qu'avait couvert le flot
Et qui connaissait Dieu, frémit sous sa pensée.

II

Par une corde au sol la cage était fixée.
Il mit aux quatre coins les quatre aigles béants.
Il leur noua la serre avec ses doigts géants
Et les monts entendaient les durs oiseaux se plaindre.
Puis il lia, si haut qu'ils n'y pouvaient atteindre,
Au-dessus de leurs fronts inondés de rayons
Les piques où pendaient la viande des lions;
Nemrod dans ce char, noir comme l'antique Erèbe,
Mit un siège pareil à son trône de Thèbe,
Et cent pains de maïs et cent outres de vin.
Zaïm n'essayait pas même un murmure vain;
Et dans la cage, auprès de sa chaise thébaine,
Le roi fit accroupir l'eunuque au front d'ébène;
Et les cèdres disaient: Que va-t-il se passer?
Sur la cage inquiète et prête à traverser
Des horizons nouveaux et d'étranges tropiques,
Les quatre aigles criaient au pied des quatre piques.

Alors, une tiare au front comme Mithra,
Nemrod, son arc au dos, sa flèche au poing, entra
Dans la cage, et le roc tressaillit sur sa base;
Et lui, sans prendre garde aux frissons du Caucase,
Vieux mont qui songe à Dieu sous les soirs étoilés,
Coupa la corde, et dit aux quatre aigles: Allez.

Et d'un bond les oiseaux effrayants s'envolèrent.

III

Et dans l'immensité que les astres éclairent,
La cage s'éleva, liée à leurs pieds noirs.
Alors, tandis qu'en bas les lacs, vastes miroirs,
Les palmiers verts, les champs rayés par les cultures,
Horeb et Sinaï, sombres architectures,
Et les bois et les tours rampaient, et qu'emportés
Dans l'air, battant de l'aile au milieu des clartés,
Les quatre aigles cherchaient du bec la chair sanglante,
Il sortit presque hors de la cage volante,
Farouche, et regarda les montagnes d'Assur
Qui, s'enfonçant avec leurs forêts dans l'azur,
Semblaient tomber, dans l'ombre au loin diminuées,
Et s'écria, penché sur le gouffre:

- O nuées,
Nemrod, le conquérant de la terre, s'en va!
Je t'avertis là-haut, Jéhovah! Jéhovah!
C'est moi. C'est moi qui passe, ô monts aux cimes blanches,
Bois, regardez monter l'homme à qui sont vos branches,
Mer, regarde monter l'homme à qui sont tes flots,
Morts, regardez monter l'homme à qui sont vos os!
Terre, herbes que les vents courbent sous leurs haleines,
O déserts, noirs vallons, lacs, rochers, grandes plaines,
Levez vos fronts sans nombre et vos millions d'yeux,
Je m'en vais conquérir le ciel mystérieux!

IV

Et l'esquif monstrueux se ruait dans l'espace.
Les noirs oiseaux volaient, ouvrant leur bec rapace.
Les invisibles yeux qui sont dans l'ombre épars
Et dans le vague azur s'ouvrent de toutes parts,
Stupéfaits, regardaient la sinistre figure
De ces brigands ailés à l'immense envergure,
Et le char vision, tout baigné de vapeur,
Montait; les quatre vents n'osaient souffler de peur
De voir se hérisser le poitrail des quatre aigles.

Plus sans frein, sans repos, sans relâche et sans règles,
Les aigles s'élançaient vers les lambeaux hideux,
Plus le but reculant montait au-dessus d'eux,
Et, criant comme un bœuf qui réclame l'étable,
Les grands oiseaux, traînant la cage redoutable,
Le poursuivaient toujours sans l'atteindre jamais.
Et pendant qu'ils montaient, gouffres noirs, clairs sommets,
Tout s'effarait; l'étrusque, et l'osque, et le pélasge
Disaient: - Qu'est-ce que c'est que ce sombre attelage?
Est-ce le char où sont les orages grondants?
Est-ce un tombeau qui monte avec l'âme dedans? -
Pharan, Nachor, Sephar, solitudes maudites,
Les colosses gardiens des cryptes troglodytes,
Les faucons de la mer, les mouettes, les plongeons,
L'homme du bord des eaux dans sa hutte de joncs,
Chalanné, devant qui Thèbes semblait petite,
Gomorrhe, fiancée au noir lac asphaltite,
Sardes, Ninive, Tyr, maintenant sombre amas,
Hoba, ville qu'on voit à gauche de Damas,
Edom sous le figuier, Saba sous le lentisque,
Avaient peur; Ur tremblait; et les joueurs de disque
S'interrompaient, levant la tête et regardant;
Les chameaux, dont le cou dort sur le sable ardent,
Ouvraient l'oeil; le lézard se dressait sous le lierre,
Et la ruche disait: vois! à la fourmilière.
Le nuage hésitait et rentrait son éclair;
La cigogne lâchait la couleuvre dans l'air;
Et la machine ailée en l'azur solitaire
Fuyait, et pour la voir vint de dessous la terre
Un oiseau qu'aujourd'hui nous nommons le condor.
Et la mer d'Ionie, aux grandes îles d'or,
Ce gouffre bleu d'où sort l'odeur des violettes,
Frissonnait; dans les champs de meurtre, les squelettes
Se parlaient; le sépulcre au fronton nubien,
Le chêne qui salue et dit à Dieu: c'est bien!
Et l'antre où les lions songent près des prophètes,
Tremblaient de voir courir cette ombre sur leurs têtes
Et regardaient passer cet étrange astre noir.
Et Babel s'étonnait. Calme comme le soir
Nemrod rêvait au fond de la cage fermée.

Et les puissants oiseaux, la prunelle enflammée,
Montaient, montaient sans cesse, et volant, furieux,
Vers la chair, le faisaient envoler vers les cieux.

Symbole de nos sens lorsqu'allant vers la femme,
Eperdus, dans l'amour ils précipitent l'âme.

Mais l'amour n'était pas au cœur du dur chasseur.

Isis montrait ce char à Cybèle sa sœur.
Dans les temples profonds de Crète et de Tyrrhène
Les dieux olympiens à la face sereine
Ecoutaient l'affreux vol des quatre alérions.
Même aujourd'hui, l'arabe, à l'heure où nous prions,
Cherche s'il ne va pas voir encore dans l'espace
La constellation des quatre aigles qui passe;
Et, dans l'Afrique ardente où meurt le doux gazon,
Morne terre qui voit toujours à l'horizon
Nemrod, l'homme effrayant, debout, spectre de gloire,
Le pâtre, si son oeil trouve une tâche noire
Sur le sable où vivaient Sidon et Sarepta,
Devient pensif et dit: C'est l'ombre qu'il jeta.

V

Et les aigles montaient.

Leurs ailes éperdues
Faisaient, troublant au loin les calmes étendues,
Un vaste tremblement dans l'immobilité;
Autour du char vibrait l'éther illimité,
Mer que Dieu jusque-là seul avait remuée.

Comme ils allaient franchir la dernière nuée,
Les monts noirs qui gisaient sur terre, soucieux,
Virent le premier aigle escaladant les cieux
Comme s'il ne devait jamais en redescendre,
Se tourner vers l'aurore et crier: Alexandre!
Le deuxième cria du côté du midi:

Annibal! Le troisième, à l'oeil fixe et hardi,
Sur le rouge occident jeta ce cri sonore:
César! Le dernier, vaste et plus terrible encore,
Fit dans le sombre azur signe au septentrion
Ouvrit son bec de flamme et dit: Napoléon!

5. STROPHE CINQUIÈME. LA TRAPPE D'EN BAS ET LA TRAPPE D'EN HAUT

I

L'infini se laissait pousser comme une porte;
Et tout le premier jour se passa de la sorte;
Et les aigles montaient.
Or Nemrod, sans le voir,
Sentit, au souffle obscur qui se répand le soir,
Que la nuit folle allait couvrir sa pâle crypte;
Les mains sur les genoux comme l'Hermès d'Egypte,
Il dit au noir: - Hibou que ma droite soutient,
Vois comment comme est la terre et ce qu'elle devient. -
L'eunuque ouvrit la trappe en bas, et dit: - La terre,
Tachée et jaune ainsi qu'une peau de panthère,
Emplit l'immensité; dans l'espace changeant
Les fleuves sont épars comme des fils d'argent;
Notre ombre noire court sur les collines vertes;
De vos ennemis morts les plaines sont couvertes
Comme d'épis fauchés au temps de la moisson;;
Les villes sont en flamme autour de l'horizon;
O Roi, vous êtes grand. Malheur à qui vous brave!
- Approchons-nous du ciel, dit Nemrod? - et l'esclave
Ouvrit la trappe haute et dit: - Le ciel est bleu.

II

Et les aigles montaient.

L'espace sans milieu
Ne leur résistait pas et cédait à leurs ailes;
L'ombre, où les soleils sont comme des étincelles,
Laissait passer ce char plein d'un sombre projet.
Lorsque l'eunuque avait faim ou soif, il mangeait;
Et Nemrod regardait, muet, cette chair noire
Prendre un pain et manger, percer une outre et boire;
Le chasseur infernal qui se croyait divin

Songeait, et, dédaignant le maïs et le vin,
Il buvait et mangeait, cet homme de désastres,
L'orgueil d'être traîné par les aigles aux astres.
Sans dire un mot, sans faire un geste, il attendit,
Rêveur une semaine entière, puis il dit:
- Vois comment est la terre. - Et l'eunuque difforme
Dit: - La terre apparaît comme une sphère énorme
Et pâle, et les vapeurs, à travers leurs réseaux,
Laissent voir par moments les plaines et les eaux. -
Nemrod dit: - Et le ciel? - Zaïm reprit: - Roi sombre,
Le ciel est bleu. -

III

Le vent soufflait en bas dans l'ombre.
Et les aigles montaient.

Et Nemrod attendit
Un mois; montant toujours; puis il cria: - Maudit,
Regarde en bas et vois ce que devient la terre. -
Zaïm dit: - Roi, sous qui la foudre doit se taire,
La terre est un point noir et semble un grain de mil. -
Et Nemrod fut joyeux. - Nous approchons, dit-il.
Vois! regarde le ciel maintenant. Il doit être
Plus près. - Zaïm leva la trappe et dit: - O maître,
Le ciel est bleu. -

IV

Le vent triste soufflait en bas;
Et les aigles montaient.

L'archer des noirs combats
Attendit, sans qu'un souffle échappât à son âme,
Un an, montant toujours, puis: - Chien que hait la femme,
Cria-t-il! Vois! La terre a-t-elle encor décru?
L'eunuque répondit: - La terre a disparu?
Roi, l'on ne voit plus rien dans la profondeur sombre.

Nemrod dit: - Que m'importe une terre qui sombre!
Vois comment est le ciel. Approchons-nous un peu?
Regarde. - Et Zaïm dit: - O roi, le ciel est bleu.

V

Le vent soufflait en bas.

Tournant son cou rapide,
Un aigle cria alors: - J'ai faim, homme stupide! -
Et Nemrod leur donna l'eunuque à dévorer.

Les aigles montaient.

Rien ne venait murmurer
Autour de la machine sa course effrénée.
Nemrod, montant toujours, attendit une année,
Dans l'ombre, et le géant, durant ce noir chemin,
Compta les douze mois sur les doigts de sa main;
Quand l'an fut révolu, le sinistre satrape
Resté seul, n'ayant plus l'eunuque, ouvrit la trappe
Que le soleil dora d'une lueur de feu;
Et regarda le ciel, et le ciel était bleu.

VI

Alors, son arc en main, tranquille l'homme énorme
Sortit hors de la cage et sur la plate-forme
Se dressa tout debout et cria: Me voilà.
Il ne regarda rien en bas; il contempla,
Pensif, les bras croisés, le ciel toujours le même;
Puis, calme et sans qu'un pli tremblât sur son front blême,
Il ajusta la flèche à son arc redouté.
Les aigles frissonnants regardaient de côté.
Nemrod éleva l'arc au dessus de sa tête,
Le câble lâché fit le bruit d'une tempête,
Et, comme un éclair meurt quand on ferme les yeux,
L'effrayant javelot disparut dans les cieux.

Et la terre entendit un long coup de tonnerre.

VII

Un mois après, la nuit, un pâtre centenaire
Qui rêvait dans la plaine où Caïn prit Abel,
Champ hideux d'où l'on voit le front noir de Babel,
Vit tout à coup tomber des cieux, dans l'ombre étrange,
Quelqu'un de monstrueux qu'il prit pour un archange;
C'était Nemrod.

VIII

Couché sur le dos, mort, puni,
Le noir chasseur tournait encor vers l'infini
Sa tête aux yeux profonds que rien n'avait courbée.
Auprès de lui gisait sa flèche retombée.
La pointe, qui s'était enfoncée au ciel bleu,
Etait teinte de sang. Avait-il blessé Dieu?

6. STROPHE SIXIÈME. LES MAGES ATTENTIFS

Et Nemrod disparu n'emporta pas la Guerre.
Elle resta, parlant plus haut que le tonnerre;
Son regard au sillon faisait rentrer l'épi;
Et ce spectre, mille ans, sur le monde accroupi,
Lugubre, et comme un chien mâche un os, rongeant l'homme,
Couva l'œuf monstrueux d'où sortit l'aigle Rome.
Et pendant ce temps-là, comme parfois aux yeux
Une vapeur trahit un feu mystérieux,
Il sortait par endroits de la terre où nous sommes
D'affreux brouillards vivants qui devenaient des hommes,
Puis des dieux, qu'on nommait Teutatès, Mars, Baal,
Et qui semblaient avoir en eux l'âme du mal.
L'horreur, le sang, le deuil couvraient la race humaine;
Et les mages, que Dieu dans le désert amène,
Collaient l'oreille au sable, et, de terreur ployés,
Frémissants, sous la terre, au-dessous de leurs pieds,
Ils entendaient quelqu'un dans les nuits éternelles
Qui volait, et frappait la voûte de ses ailes.

Chapitre 4

Hors de la terre II

1. LA PLUME DE SATAN

La plume, seul débris qui restât des deux ailes
De l'archange englouti dans les nuits éternelles,
Etait toujours au bord du gouffre ténébreux.
Les morts laissent ainsi quelquefois derrière eux
Quelque chose d'eux-mêmes au seuil de la nuit triste,
Sorte de lueur vague et sombre, qui persiste.

Cette plume avait-elle une âme? qui le sait?
Elle avait un aspect étrange; elle gisait
Et rayonnait; c'était de la clarté tombée.

Les anges la venaient voir à la dérobée.
Elle leur rappelait le grand Porte-Flambeau;
Ils l'admiraient, pensant à cet être si beau
Plus hideux maintenant que l'hydre et le crotale;
Ils songeaient à Satan dont la blancheur fatale,
D'abord ravissement, puis terreur du ciel bleu,
Fut monstrueuse au point de s'égaler à Dieu.
Cette plume faisait revivre l'envergure
De l'Ange, colossale et hautaine figure;
Elle couvrait d'éclairs splendides le rocher;
Parfois les séraphins, effarés d'approcher
De ces bas-fonds où l'âme en dragon se transforme,
Reculaient, aveuglés par sa lumière énorme;
Une flamme semblait flotter dans son duvet;
On sentait, à la voir frissonner, qu'elle avait
Fait partie autrefois d'une aile révoltée;
Le jour, la nuit, la foi tendre, l'audace athée,
La curiosité des gouffres, les essors
Démesurés, bravant les hasards et les sorts,
L'onde et l'air, la sagesse auguste, la démence,

Palpitaient vaguement dans cette plume immense;
Mais dans son ineffable et sourd frémissement,
Au souffle de l'abîme, au vent du firmament,
On sentait plus d'amour encor que de tempête.

Et sans cesse, tandis que sur l'éternel faîte
Celui qui songe à tous pensait dans sa bonté,
La plume du plus grand des anges, rejeté
Hors de la conscience et hors de l'harmonie,
Frissonnait, près du puits de la chute infinie,
Entre l'abîme plein de noirceur et les cieux.

Tout à coup un rayon de l'oeil prodigieux
Qui fit le monde avec du jour, tomba sur elle.
Sous ce rayon, lueur douce et surnaturelle,
La plume tressaillit, brilla, vibra, grandit,
Prit une forme et fut vivante, et l'on eût dit
Un éblouissement qui devient une femme.
Avec le glissement mystérieux d'une âme,
Elle se souleva debout, et, se dressant,
Eclaira l'infini d'un sourire innocent.
Et les anges tremblants d'amour la regardèrent.
Les chérubins jumeaux qui l'un à l'autre adhèrent,
Les groupes constellés du matin et du soir,
Les Vertus, les Esprits, se penchèrent pour voir
Cette sœur de l'enfer et du paradis naître.
Jamais le ciel sacré n'avait contemplé d'être
Plus sublime au milieu des souffles et des voix.
En la voyant si fière et si pure à la fois,
La pensée hésitait entre l'aigle et la vierge;
Sa face, défiant le gouffre qui submerge,
Mêlant l'embrasement et le rayonnement,
Flamboyait, et c'était , sous un sourcil charmant,
Le regard de la foudre avec l'oeil de l'aurore.

L'archange du soleil, qu'un feu céleste dore,
Dit: - De quel nom faut-il nommer cet ange, ô Dieu?

Alors, dans l'absolu que l'Etre a pour milieu,

On entendit sortir des profondeurs du Verbe
Ce mot qui, sur le front du jeune ange superbe
Encor vague et flottant dans la vaste clarté,
Fit tout à coup éclore un astre: - Liberté.

Chapitre 5

Livre deuxième : Le Gibet

1. I. LA JUDÉE

I. LA TERRE SOUS LE TROISIÈME CÉSAR

En ce temps-là, le monde était dans la terreur;
Caïphe était grand-prêtre et Tibère empereur;
Hérode roi des juifs gouvernait sous Pilate;
Rome était la nuée où le tonnerre éclate;
Jérusalem était l'âne sous le bâton.
Des proconsuls assis le poing sous le menton,
Vêtus de pourpre, ayant le roi pour satellite,
Remplaçaient au-dessus du peuple israélite
Les pharaons à l'oeil fixe et mystérieux.
Quelques rares autels fumaient sur les hauts lieux,
Mais c'étaient les autels des guèbres, que tolère
Rome ayant trop de dieux pour croire avec colère.

Temps fatals! César roi, tout le reste sujet.
La conquête romaine, immense, submergeait
Les peuples qu'elle avait saisis l'un après l'autre;
Et cette vague épaisse où le soldat se vautre
Grossissait, et, de proche en proche, envahissait
La terre, où les songeurs disaient: Qu'est-ce que c'est?
Cette inondation de Rome était lugubre;
L'empire était partout comme une ombre insalubre;
Il croissait comme un fleuve épars sous des forêts,
Et changeait lentement l'univers en marais.
Les docteurs méditaient sur ce second déluge.
Ayant leurs livres saints pour cime et pour refuge,
Les prêtres, rattachés aux textes, au-dessus
Des hommes débordés dans un gouffre aperçus,
Laissaient couler sous eux ces vastes avalanches,
Pareils à des serpents enroulés dans des branches.

Un peuple commandait, le monde subissait.
Les jaguars, les lions, les ours pris au lacet,
Le tigre redouté même de sa femelle,
Rugissaient sous les pieds de Rome pêle-mêle
Avec les nations dans le même filet.
L'esclavage, à voix basse et dans la nuit, parlait.
L'unique grandeur d'âme était l'insouciance.
La force avait le droit. Qu'était la conscience?
Une reptilité sous un écrasement.
On regardait l'autel en face et le serment,
Et l'on se parjurait, et l'hymne et la huée
Riaient, et l'âme humaine était diminuée.
L'honnête et le néfaste et le mal et le bien
S'effaçaient dans les cœurs; l'homme ne voyait rien
Qu'une noirceur croissante au-dessus de sa tête;
Une lueur de torche illuminait le faîte
De l'univers sur qui marchaient les conquérants;
Les uns étaient petits, les autres étaient grands,
Personne n'était pur, saint, vénérable et juste;
De même que d'Octave avait pu naître Auguste,
De la fange partout sortait l'autorité.
Le destin avait l'air d'un abîme irrité;
L'ombre se résolvait en haine autour de l'âme.
L'or sentait bon. Le sage était celui qui blâme
La vertu, le devoir, la foi, le dévouement;
Le plus voisin du vrai c'était celui qui ment;
La mort régnait avec les licteurs pour ministres;
Le genre humain pendait en deux haillons sinistres,
Comme si Dieu l'avait déchiré de ses mains;
Les hommes d'un côté, de l'autre les romains.

II. HÉRODE ET CAÏPHE

Sous l'ongle dédaigneux de Rome fatiguée
Vivait la royauté des Juifs qu'avait léguée
L'Hérode Ascalonite à l'Hérode Antipas.
Cet idiot mêlait le meurtre à ses repas,
Et regardait danser Hérodiade nue.

Il avait redoré l'aigle que dans la nue
Son père avait sculptée au fronton du saint lieu,
Car, pour flatter César, ces rois insultaient Dieu;
Il avait fait murer dans le royal repaire
La chambre où, sur un lit de pourpre et d'or, son père,
Surnommé Grand, avait été mangé des vers;
Des paons rôdaient parmi ses jardins toujours verts;
Au fond brillait un lac dit le Bain du Tétrarque;
On y voyait errer les pêcheurs dont la barque
Vogue à coups d'avirons lents et bien maniés.
Il aimait les rhéteurs, l'un par l'autre niés,
Les philosophes grecs, les histrions, les mimes,
Et son ennui traînait le poids sombre des crimes.
Il avait, de l'argent d'un péage imposé
Aux caravanes d'Ur, d'Ophir et de Jessé,
Fait faire à son palais une enceinte de brique;
Car, dès les temps anciens, les marchands de l'Afrique
Venaient des profondeurs du désert calciné;
Ils apportaient des dents d'éléphant, du séné,
De l'alcali, des peaux de buffle, de la gomme,
Et de la pourpre verte aux proconsuls de Rome.

Caïphe, qui des lois dirigeait le timon,
Avait été nommé grand-prêtre après Simon;
Ce n'était point une âme inclinée aux mystères;
Caïphe n'était pas un de ces solitaires
Qui, pour sonder le sens glissant et ténébreux
Des prophètes luttant confusément entre eux,
Gardent la nuit leur lampe à côté de leurs couches,
Et songent, éperdus, sur ces livres farouches
Où l'on entend le choc des glaives de l'esprit.
Trop petit pour la tâche auguste qu'entreprit
Celui qu'on nomme Aaron, c'est-à-dire montagne,
Tortueux, il avait la fraude pour compagne;
Les yeux d'Hérode était sincères près des siens;
Son miel était poison; les chefs pharisiens,
Banaïas, intendant d'Epher, Jean l'économe,
Maccès, à qui Pilate avait donné pour nome
Tout le pays d'Horeb et tout le Nephath d'or,
Venaient lui parler bas dans le saint corridor;

De la couleuvre froide il avait la paresse;
Il était ce qui rampe et ce qui se redresse;
Il était chaste avec les femmes, redoutant
Le démon qu'à travers leur parole on entend,
Mais ces chastetés-là font brûler les Sodomes;
Comme prêtre, il était de cette espèce d'hommes
Qui, si le sénat vote aux pauvres quelque argent,
Disent: «non pas! l'état est lui-même indigent!»
Et qui trouvent utile et juste qu'on obère
Le trésor pour bâtir quelque temple à Tibère.
Caïphe eût aux renards indiqué des sentiers;
C'était un homme sombre, et pourtant volontiers
Il riait à travers l'ombre de sa pensée;
Mais on se sentait pris d'une sueur glacée
Devant cette gaieté, couvercle d'un cercueil.

Rosmophim de Joppé, prêtre au profond coup d'oeil,
Et docteur, l'assistait dans les choses civiles.

III. CELUI QUI EST VENU

Cependant il était question dans les villes
De quelqu'un d'étonnant, d'un homme radieux
Que les anges suivaient de leurs millions d'yeux;
Cet homme, qu'entourait la rumeur grossissante,
Semblait un dieu faisant sur terre une descente;
On eût dit un pasteur rassemblant ses troupeaux;
Les publicains, assis au bureau des impôts,
Se levaient s'il passait, quittant tout pour le suivre;
Cet homme, paraissant hors de ce monde vivre,
Tandis qu'autour de lui la foule remuait,
Avait des visions dont il restait muet;
Il parlait aux cités, fuyait les solitudes,
Et laissait sa clarté dans l'oeil des multitudes;
Les paysans le soir, de sa lueur troublés,
Le regardaient de loin marcher le long des blés,
Et sa main qui s'ouvrait et devenait immense,
Semblait jeter aux vents de l'ombre une semence.
On racontait sa vie, et qu'il avait été

Par une vierge au fond d'une étable enfanté
Sous une claire étoile et dans la nuit sereine;
L'âne et le bœuf, pensifs, l'ignorance et la peine,
Etaient à sa naissance, et sous le firmament
Se penchaient, ayant l'air d'espérer vaguement;
On contait qu'il avait une raison profonde,
Qu'il était sérieux comme celui qui fonde,
Qu'il montrait l'âme aux sens, le but aux paresseux,
Et qu'il blâmait les grands, les prêtres, et tous ceux
Qui marchent entourés d'hommes armés de piques.
Il avait, disait-on, guéri des hydropiques;
Des impotents, cloués vingt ans sous leurs rideaux,
En le quittant, portaient leur grabat sur leur dos;
Son oeil fixe appelait hors du tombeau les vierges;
Les aveugles, les sourds, - ô destin, tu submerges
Ceux-ci dans le silence et ceux-là dans la nuit! -
Le voyaient, l'entendaient; et dans son vil réduit
Il touchait le lépreux, isolé sous des claies;
Ses doigts tenaient les clefs invisibles des plaies,
Et les fermaient; les cœurs vivaient en le suivant;
Il marchait sur l'eau sombre et menaçait le vent;
Il avait arraché sept monstres d'une femme;
Le malade incurable et le pêcheur infâme
L'imploraient, et leurs mains tremblantes s'élevaient;
Il sortait des vertus de lui qui les sauvaient;
Un homme demeurait dans les sépulcres; fauve,
Il mordait, comme un loup qui dans les bois se sauve;
Parfois on l'attachait, mais il brisait ses fers
Et fuyait, le démon le poussant aux déserts;
Ce maître, le baisant, lui dit: Paix à toi, frère!
L'homme, en qui cent damnés semblaient rugir et braire,
Cria: Gloire! et, soudain, parlant avec bon sens,
Sourit, ce qui remplit de crainte les passants.
Ce prophète honorait les femmes économes;
Il avait à Gessé ressuscité deux hommes
Tués par un bandit appelé Barabbas;
Il osait, pour guérir, violer les sabbats,
Rendait la vie aux nerfs d'une main desséchée;
Et cet homme égalait David et Mardochée.
Un jour ce redresseur, que le peuple louait,

Vit des vendeurs au seuil du temple, et prit un fouet;
Pareils aux rats hideux que les aigles déterrent,
Tous ces marchands, essaims immondes, redoutèrent
Son visage empourpré des célestes rougeurs;
Sévère, il renversa les tables des changeurs
Et l'escabeau de ceux qui vendaient des colombes.
Son geste surhumain ouvrait les catacombes.
L'arbre qu'il regardait changeait ses fleurs en fruits.
Un jour que quelques juifs profonds et très instruits
Lui disaient: «- Dans le ciel que le pied divin foule,
Quel sera le plus grand?» cet homme dans la foule
Prit un petit enfant qu'il mit au milieu d'eux.
Calme, il forçait l'essaim invisible et hideux
Des noirs esprits du mal, rois des ténébreux mondes,
A se précipiter dans les bêtes immondes.
Et ce mage était grand plus qu'Isaïe, et plus
Que tous ces noirs vieillards épars dans les reflux
De la vertigineuse et sombre prophétie;
Et l'homme du désert, Jean, près de ce Messie,
N'était rien qu'un roseau secoué par le vent.
Il n'était pas docteur, mais il était savant;
Il conversait avec les faces inconnues
Qu'un homme endormi voit en rêve dans les nues;
Des lumières venaient lui parler sur les monts;
Il lavait les péchés ainsi que des limons,
Et délivrait l'esprit de la fange charnelle;
Satan fuyait devant l'éclair de sa prunelle;
Ses miracles étaient l'expulsion du mal;
Il calmait l'ouragan, haranguait l'animal,
Et parfois on voyait naître à ses pieds des roses;
Et sa mère en son cœur gardait toutes ces choses.
Des morts blêmes, depuis quatre jours inhumés,
Se dressaient à sa voix; et pour les affamés,
Les pains multipliés sortaient de ses mains pures.

Voilà ce que contait la foule; et les murmures,
Les cris du peuple enfant qui réclame un appui,
Environnaient cet homme; on l'adorait; et lui
Etait doux.

Tous les mots qui tombaient de sa bouche
Etaient comme une main céleste qui vous touche.
Il disait: - «Les derniers sont les premiers. - La fin,
«C'est le commencement. - Ne fais pas au prochain
«Ce que tu ne veux pas qu'on te fasse à toi-même.
«- On récolte le deuil quand c'est la mort qu'on sème.
«- Celui qui se repent est grand deux fois. - L'enfant
«Touche à Dieu. - Par le bien du mal on se défend.
«- Que le puits soit profond, mais que l'eau reste claire.»
Il disait: «- Regardez les choses sans colère;
«Car, si l'oeil est mauvais, le corps est ténébreux.
«- L'aube est pour les Gentils comme pour les Hébreux.
«- Mangez le fruit des bois, buvez l'eau de la source;
«- N'ayez pas de souliers, pas de sac, pas de bourse,
«Entrez dans les maisons et dites: Paix à tous!
«- Nul n'est exempt du pli sublime des genoux;
«Donc, qui que vous soyez, priez. Courbez vos têtes.
«- Dieu, présent à la nuit, n'est pas absent des bêtes.
«Dieu vit dans les lions comme dans Daniel.
«- Errer étant humain, faillir est véniel.
«Absolvez le pécheur en condamnant la faute.
«- On ajoute à l'esprit ce qu'à la chair on ôte.»
Il tenait compte en tout des faits accidentels.
Dans le champ du supplice il disait des mots tels
Que nul n'osait toucher à la première pierre;
Il haïssait la haine, il combattait la guerre;
Il disait: sois mon frère! à l'esclave qu'on vend;
Et, tranquille, il passait comme un pardon vivant;
Il blanchissait le siècle autour de lui, de sorte
Que les justes, dont l'âme encor n'était pas morte,
Dans ces temps sans pitié, sans pudeur, sans amour,
Voyaient en s'éveillant luire deux points du jour,
L'aurore dans le ciel et sur terre cet homme.
Cet être était trop pur pour être vu par Rome.
Pourtant parmi les juifs, dans leur temple obscurci,
Chez leur roi lâche et triste, on en prenait souci;
Et Caïphe y songeait dans sa chaire d'ivoire;
Et, sans savoir encor ce qu'il en devait croire,
Hérode était allé jusqu'à dire: - Il paraît
Qu'il existe un certain Jésus de Nazareth.

Quelques hommes, de ceux qui ne savent pas lire,
De pauvres pâtres, pris d'on ne sait quel délire
Et du ravissement de l'entendre parler,
Le suivaient, l'aimaient tant qu'il les faisait trembler,
Et le montraient au peuple en disant: - C'est le maître.
L'un d'eux, vieillard, semblait près de cet homme naître;
Et le plus jeune, enfant, avait l'air près de lui
D'un sombre aïeul pensif, gravement ébloui.
Humbles, ils lui tendaient leurs cœurs comme des urnes.
Et ces hommes, pareils à des lampes nocturnes
Adorant un soleil dans une vision,
Etaient devant ce maître en contemplation,
Et l'entouraient, ainsi qu'une auréole d'âmes.

IV. LES TREIZE PORTES DE JÉRUSALEM

Dans les vieux temps, l'archange aux quatre ailes de flamme,
Stellial dit un jour au noir Zorobabel
Quand ce maçon, porteur d'une échelle du ciel,
Eut entouré Sion de murailles très fortes:
- Pourquoi donc à la ville as-tu fait treize portes?
Et Zorobabel dit: - Ninive aux larges tours
Eut autant de portails que l'année a de jours,
Pour que jamais le temps, quand du gouffre il arrive,
Quel qu'il fût, ne restât en dehors de Ninive.
- Eh bien, dit Stellial, l'archange couvert d'yeux,
Le zodiaque ayant douze signes aux cieux,
Douze portes, c'était assez, mage imbécile,
Pour que chacun des mois pût entrer dans la ville.
- Ange, j'ai fait, reprit le maçon magistrat,
Treize portes afin que l'avenir entrât.
Chaque année on verra par les douze premières
Passer les douze mois, portant douze lumières,
Purs, sacrés, et menant par la main la saison;
Par la treizième doit passer la trahison.

V. LA JUDÉE

D'innombrables hameaux répandent leurs fumées
D'Arphac à Borcéos dans les six Idumées;
La Judée est dorée et verte sous l'azur;
Elle a des bois des monts, des lacs; son air est pur;
Le vent du sud le trouble et le vent d'est le calme;
Rome estime ses vins; comme l'huile de palme,
L'huile d'olive abonde à flots sous son pressoir;
L'ombre du Sinaï la couvre vers le soir.
La Judée est la terre où de temps en temps passe
Une lueur de Dieu qui se perd dans l'espace.

L'Egypte est, au couchant, cette plaine des blés
Où, dans les noirs tombeaux, dont les puits sont comblés,
Un miroir d'or massif pend au cou des momies
Pour refléter l'essaim des spectres, les lamies,
Les stryges, et la face errante des démons;
Au midi, les chacals, les rats, les ichneumons,
Remplissent le désert; au nord, la mer murmure.

La moisson en Judée est deux fois par an mûre;
Le moindre champ y donne un boisseau de maïs.

Ce qui va se passer dans ce fatal pays
Fait un nuage obscur sur l'avenir, et trouble
Abraham enterré dans la caverne double
Dont on voit l'âpre brèche et le seuil délabré
Au champ d'Ephron, voisin des chênes de Mambré.

VI. LES PAROLES DU DOCTEUR DE LA LOI

Deux prêtres, dont la robe est en toile d'ortie,
Veillent, l'un à l'entrée et l'autre à la sortie
Du Temple que jadis Salomon fit bâtir
Par Oliab avec le bois du roi de Tyr.
Sévère, à quelques pas des deux prêtres qui semblent
Faire taire la ville où mille bruits sourds tremblent,
Un docteur de la loi parle au peuple devant
Ce seuil terrible où luit l'arche du Dieu vivant.

Il est seul sur sa chaise; et, qu'on entre ou qu'on sorte,
Il ne s'arrête point, et continue; il porte
Le taled blanc où pend le zizith à cinq nœuds;
Le dogme sombre emplit son oeil vertigineux;
Des croyants sont auprès du docteur; les uns lisent
Dans des livres pendant qu'il parle; d'autres gisent
En travers de la porte, et l'on marche dessus;
Un plat brille à ses pieds où les dons sont reçus;
La foule abonde autour du prêtre, et l'environne;
Vieillard qu'une lueur de science couronne,
Calme et grave, il déploie au-dessus de son front
Ce que les siècles, l'un après l'autre, liront,
Le texte saint, écrit sur le rouleau mystique;
Il enseigne la foi, le rite, la pratique,
Au peuple remuant les lèvres par moment;
Et chaque fois qu'il lèvre un doigt au firmament,
Tous, éperdus devant l'insondable prière,
Ensemble et frémissants, font trois pas en arrière.

Il dit:

- Voici la loi. Fais silence, Israël!
Peuple, crois au Dieu vrai, distinct, un, personnel,
Seul, unique, incréé, voyant ce que fait l'homme.
Dieu, c'est le créancier qui veut toute la somme,
C'est le jaloux qui veut tout le cœur, c'est la mer
Dont le flot, repoussé par la terre, est amer;
Dieu, s'il est repoussé par les hommes, se venge.
Observez le saint jour, Peuple, ou redoutez l'ange
Qui plane sur l'impie et d'un souffle l'abat;
Le plus pauvre a sa lampe, et, le jour du sabbat,
Peuple, il doit l'allumer, dût-il mendier l'huile;
Nos pères, ce jour-là, purifiaient la ville;
Ces hommes qui vivaient à l'ombre du palmier,
Etaient saints, et toujours nommaient Dieu le premier;
Ce respect les faisait vivre six cents années;
Le sabbat est le jour où les ombres damnées
Peuvent se retourner dans le lit de l'enfer;
Sepher tua Phinée, Aod tua Sepher,
Ces meurtres ne sont rien près du dogme qu'on brise

Et du sabbat qu'on met sous ses pieds, et Moïse
Dans sa tombe, et Jacob, et Job, ont moins d'effroi
Du sang d'un homme, ô juifs, que du sang de la loi;
Le fiel est plus amer que le coing n'est acide,
Or l'impiété, juifs, c'est le fiel; l'homicide,
Pâle, et suivi d'enfants crachant sur ses talons,
Marche à travers la ville avec ses cheveux longs,
La main droite liée au cou par une chaîne;
Mais l'impie a son spectre en croix dans la géhenne;
L'homme pèse sur l'un, sur l'autre pèse Dieu.
Les jours saints, taisez-vous, ne faites pas de feu;
Le salut dans le ciel est sur terre l'exemple;
Dieu vient à la prière; il entre dans le temple
Sitôt la porte ouverte et pourvu qu'on soit dix;
Donc, pratiquez la loi. Tremblez d'être maudits.
L'anathème entre au corps du maudit, qu'il traverse.
Theglath fut roi d'Egypte, Azer fut roi de Perse;
Gad les maudit; dès lors l'enfer fut dans ces rois
Qui voyaient se mêler une flamme à leur voix.
Chaque texte est un doigt montrant ce qu'il faut suivre;
Si vous ne faites pas ce que prescrit le livre,
Vous serez malheureux comme celui qui voit
Dans un songe tomber les poutres de son toit.
Trois tribunaux nous sont légués par les ancêtres;
Aaron pour enseigner a délégué Cent prêtres,
Onze pour gouverner, et Dix-Neuf pour juger;
Le sanhédrin les nomme et seul peut les changer.
Que la femme soit chaste et muette, et que l'homme
Ait dans un roseau creux tout le deutéronome.
Sinon, nous maudirons vos seuils et votre sang.
L'anathème qu'un saint jette au mal en passant
Est une si fatale et si noire rosée
Qu'un chien ayant été maudit par Elizée,
L'anathème rongea les oreilles du chien.
Femmes, l'homme est le roi; tremblez! et songez bien
A la sombre Lilith, femme née avant Eve;
Adam la renvoya dans l'ombre et dans le rêve;
Lilith répudiée est un spectre de nuit.
Lilith était l'orgueil, la querelle et le bruit;
Satan, voulant saisir l'homme, l'avait créée;

Elle roule à jamais dans la noire nuée;
Elle s'appelle Isis dans l'Inde où Satan luit,
Et l'encens de l'Egypte horrible la poursuit.
La femme file, trait la vache, bat le beurre,
Tourne le sablier quand vient la fin de l'heure,
Gronde l'esclave aux champs et l'enfant dans son jeu,
Veille et travaille; et l'homme est pensif devant Dieu.
Au temple, en récitant le verset ordinaire,
Etendez vos deux mains devant le luminaire;
L'ange du jour assiste à vos repas; mais fuit,
Sitôt que vous riez, devant l'ange de nuit;
Etudiez la loi sans cesse, et qu'on la lise
Dans le texte que fit Esdras d'après Moïse.
Pour faire un Livre, ô juifs, n'employez pas de lin;
Cousez avec des nerfs une peau de vélin,
Ecrivez-y, tremblants, le verbe inénarrable,
Et roulez le vélin sur deux bâtons d'érable.
Ayez des habits longs conformes à vos rangs;
Craignez le drap tissu de deux fils différents;
Jéhovah n'est pas deux. Fuyez les hommes ivres;
Ne faites point sécher des herbes dans vos livres;
L'herbe imprime un démon aux plis du parchemin;
Ne regardez jamais les lignes de la main;
Dans le texte sacré respectez les consonnes,
Au moment de la mort appelez dix personnes;
Confessez vos péchés, jougs par la chair subis,
Et que ceux qui sont là déchirent leurs habits;
La mort, même du juste, est une obscure fête.
Mettez aux morts un sac de terre sous la tête;
Tournez sept fois autour de la fosse en priant.
Redoutez l'occident et craignez l'orient,
Ce sont les deux endroits de Dieu. Le ciel le nomme.
Redoutez-le. La mort, c'est l'ombre. Il n'est pour l'homme
Rien d'éternel après cette vie; il ne peut
Rien retenir de lui quand Dieu brise ce nœud;
Ce qu'on appelle âme est un souffle, céleste
Chez les bons, infernal chez les méchants, qui reste
Un moment au-dessus du corps dans le trépas,
Puis pâlit, puis s'éteint, car Dieu seul ne meurt pas.
Pourtant le châtiment peut saisir ce fantôme

Et le fouetter longtemps sous le ténébreux dôme,
Et lui heurter le front aux poutres de la nuit.
Rien de ce qu'on a fait n'est perdu, ni détruit;
Tout compte. Justes poids et balances exactes.
Là-haut, le doigt toujours tourné vers tous vos actes,
La prière Bathkol, la Fille de la Voix,
Se tient près d'Elohim et lui dit: Seigneur, vois.
Lisez la Pentateuque à cinq; l'Exode à quatre.
Sachez punir, sachez venger, sachez combattre;
Haïssez les mauvais! Haïssez, haïssez
Ceux qui doutent, d'audace et d'orgueil hérissés,
L'incrédule, le lâche et le pusillanime,
Ceux pour qui le saint livre ouvert est un abîme,
Ceux qui tremblent devant les célestes degrés,
Et sur le bord de Dieu s'arrêtent effarés!
S'ils sont nombreux, s'ils ont de l'or dans leurs mains viles,
S'ils sont un peuple, ayant des moissons et des villes,
Des femmes, des vieillards, des enfants nouveau-nés,
Des vierges, des aïeux, des fils, exterminez!
Moïse commença par creuser une fosse,
O juifs, pour y coucher la religion fausse;
Il y jeta des tas de peuples révoltés;
Il remplit ce tonneau d'homme et de cités,
Et l'on distingue encor dans cette ombre profonde
D'énormes ossements dont chacun fut un monde;
Num ravage Amalec, Joram dévaste Ammon;
Partout où l'on voyait la lueur du démon,
Partout où l'on prenait qualque faux dieu pour règle,
Salomon accourait avec le bruit d'un aigle,
O Peuple, et c'est du sang que la terre a sué
Derrière Anathias, Saül et Josué;
Jéhovah bénissait ces grands impitoyables;
Sobres, purs, ils menaient au combat, dans les sables,
Dans la nuit, sans jamais songer au lendemain,
Des soldats qui buvaient dans le creux de leur main;
Le Tabernacle a crû dans le sang; Dieu consacre
Par un carnage Aser, Lévi par un massacre,
Et l'antique Lévite est saint pour ce seul trait
Qu'il marchait en tuant tous ceux qu'il rencontrait;
Samson ne laissait pas d'un mur pierre sur pierre;

Macchabée était plein d'une telle lumière
Que les peuples disaient: son armure est en or;
Et Lysias, Seron, Gorgias, Nicanor,
Fuyaient devant cet homme aux cris de guerre étranges,
Que suivaient, à cheval sur les vents, cinq archanges!
Ces héros ont toujours Jéhovah pour effort;
Leur fer ouvre un sillon; Peuple, ils font de la mort
Sortir la vie, et, grâce à leurs lances vermeilles,
Les gueules des lions sont des ruches d'abeilles.
Ayez autour de vous la peur, en vous l'effroi;
C'est le dogme. David fut un sublime roi;
Il se plaisait au rire, aux chants, aux grappes mûres,
Un jour il se pencha sur les choses obscures,
Et, pâle, il reconnut que le commencement
De la sagesse était un profond tremblement.
O Peuple, Sabaoth lugubrement médite
Sur la race d'Adam presque toujours maudite,
Sur le sang de Jacob presque toujours puni,
Et Dieu, c'est le sourcil froncé de l'infini.
Vivez les yeux fixés sur la terreur du gouffre!
Guerre à l'impie! Il faut qu'on punisse, ou qu'on souffre,
Frappez pour vous sauver. Songez au châtiment;
Songez à l'océan d'angoisse et de tourment;
Songez à cet enfer: l'immensité des larmes.
Les ennemis de Dieu pourront avoir des armes,
Ils pourront être fiers et puissants, ils pourront
Pousser des chars, avoir des casques sur le front;
Qu'est-ce que cela fait, si leur âme est de l'ombre?
Les festins, les palais que la splendeur encombre,
Le bonheur, les plaisirs, le triomphe effronté,
Sont des endroits d'oubli, mais non de sûreté.
Soit. Oubliez. Qu'importe au souvenir suprême?
La vengeance attend, calme, et la colère sème... -
Vous rirez, vous aurez des songes dans les yeux,
Tout à coup, au plus noir du ciel mystérieux
Que l'homme frémissant verra par échappées,
On entendra le bruit que font deux mains frappées,
L'archange porte-glaive, immense, apparaîtra;
Alors, sentant sous eux crouler Bel et Mithra,
Les méchants trembleront comme un vaisseau qui sombre,

Et tous reconnaîtront l'inutilité sombre
Des boucliers d'airain et des casques de cuir;
Ils souhaiteront d'être assez petits pour fuir
Par le bas d'une porte ou par les trous d'un crible,
La grande épée ayant un flamboiement terrible!
Mais Dieu dira: Trop tard! Donc, ô vivants, tremblez.
Dieu court dans les maudits comme un feu dans les blés.
Ecrasez d'épouvante et de haine l'impie.
Faites lever votre âme aux vices accroupie,
Et récitez, avant que l'archange soit là,
Le sharrith le matin, le soir le néhila.
Vengez Dieu par le glaive et vivez dans la crainte.
Tout ce que je vous dis, Peuple, c'est la loi sainte,
La loi d'en haut, connue aux seuls fils de Lévi.

Un homme en ce moment, de douze hommes suivi,
Blond, jeune, et regardé fixement par le prêtre,
L'interrompit et dit avec l'accent d'un maître:

- Toute la loi d'en haut est dans ce mot: aimer.

- Peuple, cria le prêtre, il vient de blasphémer.

VII. CAÏPHE EN CONTEMPLATION

Les deux guetteurs du temple ont aperçu la lune;
Le mois commence.

Aux champs la terre est encor brune;
Il pleut sur le mont Glon et sur le mont Sion;
Mais l'hiver va finir. On fait l'ablution
Du temple, dont on brosse et dérouille les chaînes,
Les gonds et les verrous, pour les fêtes prochaines.

Seul près du grand autel derrière le rideau,
Pendant que, se courbant sur des vases pleins d'eau,
Et répandant partout le nard et l'hyacinthe,
Les lévites portiers lavent la triple enceinte,
S'interrompant parfois pour baiser les pavés.

Le grand-prêtre se tient debout, les bras levés.
On dirait un fantôme avec son blanc suaire.

L'arche est sur une estrade au fond du sanctuaire;
Elohim lui laissa l'empreinte de son doigt;
Un éblouissement l'environne, et l'on voit
Des boîtes de parfum d'aspic sur chaque marche
Du degré qui se perd sous la splendeur de l'arche.

Caïphe est de la chose éternelle occupé.

Un docteur cependant, Rosmophim de Joppé
A soulevé ce voile et marche vers Caïphe
Qui ne dérange pas son geste de pontife
Et n'ouvre qu'à demi son oeil vague et fermé.

Le prêtre dit: - Je viens. Je me suis informé,
Hannasci, de celui des douze auquel tu penses.
C'est lui que dans la bande on charge des dépenses;
Quand on voyage, il compte avec les hôteliers;
Les autres semblent fiers de porter leurs colliers;
Lui seul a l'air d'un loup parmi les chiens; sa voie
Est obscure; à Naïm, une fille de joie
Avait, avec du baume et des parfums, lavé
Les pieds du maître, un peu meurtris par le pavé;
Cet homme s'emporta contre elle jusqu'à dire:
Tu viens de perdre là pour vingt deniers de myrrhe!
Et Caïphe répond: - C'est l'homme qu'il faudrait.
- Oui, répond Rosmophim. Il est jaloux, secret,
Triste, oblique, inquiet, solitaire, économe.
Prince, tu désirais savoir comme on le nomme.
Je l'ignorais le jour où tu le demandas.
Je le sais aujourd'hui. - Quel est son nom? - Judas.

VIII. LA SIBYLLE

La sibylle d'Achlab parle dans sa caverne;
Elle est seule; un esprit farouche la gouverne,

La courbe comme un feu sous un vol de démons,
Et de sa bouche obscure et de ses noirs poumons
Fait sortir le hasard des paroles terribles.
Des feuilles, qui plus tard s'iront coller aux Bibles,
S'échappent par moments de son antre, et s'en vont
En vagues flamboiements dans l'espace sans fond.
Elle les suit des yeux, et rit; puis recommence,
L'immensité s'étant mêlée à sa démence,
Et le souffle infini la traversant toujours.
Elle s'adresse à l'ombre, au gouffre, aux rochers sourds.
Spectre par le regard, par la maigreur squelette,
Elle parle une langue étrange où se reflète
L'avenir, à demi visible sur son front,
Et prononce déjà des mots qui ne seront
Dits par le genre humain que dans trois mille années.

Ses mains sur ses seins nus se crispent décharnées;
Son oeil lugubre songe, ivre d'obscurité;
Ce spectre balbutie avec autorité;
On dirait qu'elle fait la lecture éperdue
D'un mystérieux livre ouvert dans l'étendue;
Parfois elle s'arrête en disant: Je ne puis.

En ce moment, au fond de sa grotte, affreux puits
Plein de l'effarement des visions occultes,
Ce sont les fondateurs de dogmes et de cultes
Et de religions que son regard poursuit.
Il semble qu'elle parle, à travers l'âpre nuit,
A ceux qui cherchent Dieu pour le montrer aux hommes.
... ...
... ...

«- ... Le livre d'en haut dit: - Qui que tu sois, qui sommes
«L'Etre de s'expliquer et le sphynx d'être clair,
«Qui que tu sois qui veux saisir l'eau, tenir l'air,
«Donner à la nuée une forme, et qui plonges,
«Avec ta nasse, bonne à la pêche des songes,
«Dans le sinistre abîme où flotte ce mot: Dieu;
«Qui que tu sois, qui viens forcer l'ombre à l'aveu,
«Tâter la certitude avec ta main peu sûre,

«Au temple sidéral adosser ta masure,
«Et désigner à l'Etre un texte, un nombre, un lieu;
«Homme, qui que tu sois, qui viens faire du feu
«Sous la foudre, allumer ta lampe sous l'étoile,
«Et dire à l'univers sans fond: Lève-toi, voile!
«Qui que tu sois qui prends l'impossible aux cheveux,
«Qui prononces ces mots inutiles: «- Je veux,
«Je sais, je suis, je crois, je sauve, je ranime; -»
«Qui que tu sois qui dis à l'Etre: «- Allons, abîme,
«Réponds, puisque c'est moi qui t'ai questionné. -»
«Sache que ta folie est sombre, infortuné!

«L'erreur sort du nuage et sans fin se dévide.
«Un rite, c'est un geste au hasard dans le vide;
«Avortement du chiffre et du mot! labeur vain
«De la voix pour nommer le prodige divin!
«Trimourti! Trinité! Triade! Triple Hécate!
«Brahmâ, c'est Abraham; dans Adonis éclate
«Adonaï; Jovis jaillit de Jéhovah;
«Toujours au même mot l'impuissance arriva;
«Toujours le sombre effort des religions tombe
«Dans le même fantôme et dans la même tombe.
«Toutes ces questions: «- Où? quand? pourquoi? comment?
«Jusqu'où?» - font le bruit sourd d'un engloutissement.

«Le livre d'en haut dit: - O penseurs, prenez garde!
«Il veut qu'on le contemple et non qu'on le regarde.
«Courbez-vous. L'adoré doit rester l'inconnu.
«Toutes les fois qu'un homme, un esprit, est venu
«L'approcher de trop près, et s'est, opiniâtre,
«Mis à souffler sur lui comme on souffle sur l'âtre,
«Il a frappé. Malheur aux obstinés qui vont
«Faire une fouille sombre en cet être profond!
«Vous qui vous appelez hier, demain, le sage,
«Le savant, le chercheur, la fuite, le passage,
«Larves! y songez-vous d'imposer à celui
«Qui songe et qui s'appelle à jamais Aujourd'hui,
«Vos auscultations, vos calculs, votre étude,
«Et la vibration de votre inquiétude!
«Il lui déplaît d'avoir vos chiffres hasardeux

«Courant partout sur lui, fourmillement hideux.
«Ta curiosité l'importune, ô vermine!
«L'Incréé n'aime pas que l'homme l'examine,
«Et sentir des esprits fureter dans ses coins.
«Sacrilège! le plus, mesuré par le moins!
«La mouche humaine allant heurter aux cieux son aile!
«Et l'essaim, effleurant l'attitude éternelle! -

«Le livre d'en haut dit: - Lui! lui! pas de témoins.
«Hommes, ne faites point un pas hors des besoins;
«L'homme est tortue, et l'ombre est votre carapace;
«Ne sortez pas du temps, du nombre et de l'espace;
«Car il se vengera, l'être mystérieux,
«Des voix, des bruits, des pas, des lampes et des yeux!
«Il est le maître obscur des tortures aiguës,
«Des haches, des brasiers, des chanvres, des ciguës.
«Il choisira les forts, il prendra dans sa main
«Ceux qui sont les cerveaux de tout le genre humain,
«Et, fatal, les jetant au glaive froid qui tue,
«Il décapitera la sagesse têtue.
«Pour punir les chercheurs, il n'a qu'à les livrer
«A la fureur de ceux qu'ils voudront éclairer.

«O sages, pour gravir les cieux où sont les Tables,
«Vous hantez les hauts lieux, ces cimes redoutables,
«Que visite l'horreur et que la bise mord;
«Vous y cherchez le jour, vous y trouvez la mort;
«Certains sommets fatals ont d'âpres calvities
«Où les hideuses croix, par le meurtre noircies,
«Se dressent, attendant les pâles rédempteurs;
«Et vous êtes, hélas, trahis par les hauteurs.
«Caïn sur cette terre, où le juste est victime,
«Traître, a laissé de quoi recommencer son crime;
«L'homme abrège, ô penseurs, vos ans déjà si courts!
«Pour vous assassiner, justes, l'homme a toujours
«Entre les mains assez du premier fratricide;
«Plus tard, le genre humain, redevenu lucide,
«Vient glorifier ceux que sa rage courbait...
«L'un a bu le poison, l'autre pend au gibet!

«Pensez-vous quelquefois à ce que fait l'archange,
«L'Etre d'en bas? Il est le Méchant. Il s'en venge?
«Il prend l'âme, la vie et le jour à revers;
«Et de sa chute il fait celle de l'univers.
«L'enfer est tout entier dans ce mot: Solitude.
«Avec tous les remords qui sont l'inquiétude
«Et le deuil de la terre, et dont il est l'aïeul,
«Dans l'effrayant cachot des nuits, Satan est seul.
«Le rocher qui le mure est fait avec du crime;
«Les autres condamnés sont dans un autre abîme;
«Il peut les torturer, mais il ne peut les voir.
«Seul, toujours seul, il est aveugle dans le noir.
«En lui, hors de lui, l'ombre. Il regarde, il se hausse,
«Il cherche; il n'a pas même une hydre dans sa fosse;
«Une hydre, ce serait quelqu'un. L'ange damné
«Vole et rôde, et, hagard, voudrait n'être pas né.
«Si les bêtes voyaient son cloaque, cet antre
«Ferait ramper les loups frémissants à plat ventre,
«Trembler le tigre, et fuir les hiboux aux yeux ronds.
«A chaque mouvement de ses lourds ailerons,
«Pendant qu'il plane, il sort du monstre des fumées;
«Elles montent sur terre, et ce sont des armées;
«Elles montent sur terre, et, dans nos régions,
«Ce sont des lois, des mœurs et des religions;
«Elles montent sur terre et prennent des figures
«De rois, de conquérants, de pontifes, d'augures;
«Et l'on entend le cri des hommes sous le pied
«D'un Satan Dieu qui règne et dans la nuit s'assied,
«Fantôme ressemblant au spectre des ténèbres;
«Et, triomphants, sacrés, grands, illustres, célèbres,
«Des vampires, la mitre ou le laurier au front,
«Elevant jusqu'au ciel une gloire d'affront,
«Disent: Je suis le Dogme, et je me nomme Empire.
«Et cent fléaux, fatals, noirs, dont l'homme est le pire,
«Se déchaînent; - Satan en bas plane toujours; -
«Peste, terre qui tremble, eau sur les rochers sourds,
«Le typhon sur les flots, le semoun dans les sables... -
«O sombres battements des ailes formidables!

«Le livre d'en haut dit: - Donc pas de curieux.

«La nuit est un conseil que le ciel donne aux yeux.
«Laissez l'Etre exister. Soyez ce que vous êtes.
«Regards, soyez l'effroi; bêtes, soyez les bêtes;
«Beauté, sois le squelette; homme, sois le néant.
«Dieu fait du ténébreux le bourreau du voyant.
«Ou, s'il lui plaît, savants, penseurs, ô tourbe infime,
«De vous abandonner à votre propre abîme,
«Il laissera l'ennui pesant, le moi jaloux,
«Le vertige et la peur croître d'eux-mêmes en vous,
«Et vos socs effrayés ne creuser que des fosses,
«Et se dresser, au fond de vos recherches fausses,
«Le chaos des erreurs, des fièvres, des tourments,
«Et s'offrir le fer rouge à vos tâtonnements;
«Si bien que de sa loi, de son énigme austère,
«De son nom, de son dogme obscur, de son mystère,
«Vous ôterez vos mains fumantes en criant:
«Nous nous sommes brûlés à cet être effrayant!
«Mage, il t'engloutira sous les bouillons de l'urne;
«Il remuera sous toi l'âpre échelle nocturne;
«Il rendra trouble, avec trop de lumière, l'oeil
«De la témérité, du rêve et de l'orgueil;
«Il n'aura qu'à montrer, pour vous mettre en démence,
«Un de ses attributs dans sa splendeur immense;
«Car le plus aveuglé, c'est le plus ébloui.
«Oui, si vous labourez au même champ que lui,
«Il emplira de cendre et de mort vos semailles.
«De toute la science il crèvera les mailles.
«L'infini ne se peut prendre dans un filet.
«Il ne souffrira point qu'on sache ce qu'il est.
«Il mettra les fléaux, les forces, les tonnerres,
«L'ombre, à votre poursuite, ô noirs visionnaires!
«Et s'il regarde, horreur! tout s'évanouira.
«Et les penseurs crieront: Grâce! Il leur suffira,
«Pour sentir la pensée en leurs fronts se dissoudre,
«D'entrevoir un moment sa prunelle de foudre.-

«Le livre d'en haut dit: - Vivez sans regarder.
«Passant, ta fonction est de passer. Sonder,
«C'est blesser. Qu'êtes-vous? Qu'es-tu? Ton nom? - Terpandre.
«Toi? - Linus. - Toi? - Thalès. - Vous vous appelez Cendre!

«Vous vous appelez Brume et Nuit! Disparaissez,
«Mourez. Parler est trop, bégayer est assez.
«Es-tu sage? tais-toi. Le silence est l'hommage.
«Quoi! tu veux pénétrer l'impénétrable, ô mage!
«Tu viens escalader avec effraction
«Le problème, le jour, la nuit, la vision,
«L'infini! Tu commets un attentat nocturne
«Sur la virginité du tombeau taciturne!
«Tu lèves ce couvercle, ô mage audacieux!
«Que fais-tu là, rôdeur des barrières des cieux?
«Tu viens, furtif, armé de ta vanité sombre,
«Forcer l'éternité! tu viens crocheter l'ombre,
«Fourrer ta fausse clé dans la porte de feu,
«Et faire une pesée, avec l'orgueil, sous Dieu!
«Va-t'en de la lumière, et va-t'en des ténèbres!
«Dehors! Va-t'en avec ta strophe et tes algèbres,
«Poète, géomètre, astronome, voleur!

«Ne cherchez pas; rampez. Tremblez, c'est le meilleur.
«Espace, point d'Icare; astres, pas de lunettes.
«O vivants, vous serez dans le vrai, si vous n'êtes
«Que ce que les vivants d'avant vous ont été.
«Ne voyez que la grande et calme éternité.
«Le bas est immobile et le haut immuable.
«En bas est l'ancre; en haut l'obscur anneau du câble.
«Est-ce que la nature essaie autour de vous
«De changer d'attitude, ô mortels vains et fous?
«Qu'est-ce que le tombeau? Le puits des nuits funèbres;
«Il a la plénitude auguste des ténèbres;
«Il ne demande rien, il ne fait pas de bruit;
«Le sépulcre est le vase où Dieu garde la nuit,
«L'astre est le vase où Dieu conserve la lumière;
«Tous deux sont à jamais ce que la loi première
«Les créa; l'un est l'ombre et l'autre est le rayon;
«Pourquoi l'homme veut-il changer sa fonction?
«Il est souffle; qu'il passe. A quoi bon la pensée?
«A quoi bon tant de force obscure dépensée?
«A quoi Zoroastre ou Moïse? A quoi sert
«Ce Jean, vêtu de peaux, parlant dans le désert?
«A quoi bon vos Talmuds? N'est-ce pas une honte

«De voir s'entreheurter Tyr contre Sélinonte,
«Delphes contre Eleusis, Thèbes contre Sion,
«Dans l'immobilité de la création?
«C'est l'ennui du voyant d'entendre les querelles
«Des superstitions se dévorant entre elles,
«Tous ces mages, luttant, affirmant ou niant,
«Et tous ces disputeurs de cendre et de néant
«Qui font tourbillonner leurs misérables rixes
«Entre les tombeaux noirs et les étoiles fixes!

«Un dogme est l'oiseleur, guettant dans la forêt,
«Qui, parce qu'il a pris un passereau, croirait
«Avoir tous les oiseaux du ciel bleu dans sa cage.
«La salutation du jonc au marécage
«N'est pas plus vaine, au fond du bois vague et jauni,
«Que les saluts que fait un homme à l'infini.
«Tout ce que vous nommez vérité devient fable
«Devant l'inénarrable et devant l'ineffable.
«Dieu! rêve! Oui finit par ressembler à Non.
«La raison de celui qui prononce ce nom
«S'en va, comme le sang quand on ouvre la veine.
«Oh! que le verbe est nul! que la syllabe est vaine!
«Comme le nombre est vite essoufflé quand il faut
«Faire l'addition du bas avec le haut,
«Et, de la profondeur remontant à la cime,
«Compter le gouffre après avoir compté l'abîme!»
... ...
... ...

Pendant qu'elle parlait, pleine du sphynx caché,
Sur le puits ténébreux quelqu'un s'était penché;
Le soleil éclairait sur le seuil de la cave
Une figure douce, éblouissante et grave;
Un homme était pieds nus dans l'herbe et les genêts.

- Je ne t'ai jamais vu, mais je te reconnais.
Salut, Nazaréen! Dit la femme hagarde.

Et, montrant du doigt l'ombre, elle ajouta: Prends garde.

Alors entre la femme et cet homme, tandis
Que l'aube réchauffait les serpents engourdis
Et que les fleurs ouvraient au soleil leurs corolles,
Il se fit un échange auguste de paroles
Que la terre ignora, personne n'écrivant
Ce dialogue sombré emporté par le vent.

LE NAZARÉEN
O Prophétesse, il faut pourtant sauver les hommes.

LA SIBYLLE
A quoi bon?

LE NAZARÉEN
Pour sortir de cette ombre où nous sommes.

LA SIBYLLE
Restes-y.

LE NAZARÉEN
C'est la loi de monter vers le jour,
Qu'après l'iniquité la justice ait son tour,
C'est la loi.

LA SIBYLLE
La justice sur terre est un rêve.

LE NAZARÉEN
Les hommes pleins de haine ont à la main le glaive.
O femme, en les aimant on peut les apaiser.
Que dis-tu de l'amour? Parle.

LA SIBYLLE
Crains le baiser.

2. II. JÉSUS-CHRIST

I. LA POUTRE

Le brigand Barabbas est en prison. Son heure
Approche, car il faut que le meurtrier meure;
C'est du moins ce que dit le peuple.

Hors des murs,
Dans un champ où, pareil au ver dans les fruits mûrs,
Le chacal entre au flanc des charognes farouches,
Plaine où des os épars font bourdonner les mouches,
On entend un bruit sourd de scie et de marteaux.
Un homme dans un bouge équarrit des poteaux.
C'est Psyphax, charpentier de croix. Dehors un zèbre,
Des poules, du fumier, un coq. Psyphax est guèbre,
Adore le soleil et construit des gibets.

Le faubourg Zem, quartier des marchands au rabais
Et des fripiers vendant les haillons de la ville,
Borne au sud cette plaine âpre, déserte et vile.
Des cordes où parfois on se heurte en rêvant,
Où les laveuses font sécher leur linge au vent,
Flottent à des piquets plantés dans les décombres.
Les petits enfant nus de ces masures sombres
Où la famine habite et d'où la peste sort,
Vivent de ramasser dans l'herbe du bois mort
Qu'ils vont vendre en fagots sur les marches du temple.
Le prophète qui fait des gestes et contemple,
Quelque centurion par l'orgie attardé,
Des joueurs agitant la bassette ou le dé,
Hantent seuls ce lieu triste et cette lande aride.
Au-delà des terrains que l'ardent soleil ride,
Et que couvre un gazon brûlé, lépreux et court,
On voit les toits confus des maisons du faubourg
Où les femmes le soir médisent sur leurs portes.

Les mendiants hideux pareils à des cloportes
Rôdent aux alentours, tendant leurs pâles mains.

Au lieu de l'essaim d'or errant dans les jasmins,
L'oiseau de proie, affreux, vole aux carcasses mortes.
Près des maisons, les gueux, les nains aux jambes tortes,
Les goitreux, les boiteux, fourmillent en tous sens;
Et la difformité honteuse des passants,
Et ce faubourg infirme et malade, et ces bouges,
Importunent au loin l'aigle aux paupières rouges,
Et les vastes vautours africains dont le bec
Semble plein des rayons du désert de Balbeck.

Au fond de l'horizon est le Golgotha fauve;
Mont sans arbre, sans herbe et sans fleurs; sommet chauve
Et propre à la croissance horrible des gibets;
Ceux qui cherchent le sens des anciens alphabets
Et qui font du Talmud leur sévère lecture,
Tremblent devant ce mont, sachant son aventure;
Le vaste Adam est là, sous la terre dormant;
Si bien que le Calvaire est le noir renflement
De ce grand corps gisant sous la morne campagne,
Et qu'un air de cadavre en reste à la montagne.

Le toit de Psyphax, bas et marqué d'un poteau,
Fait une ampoule au centre isolé du plateau.
Le peuple craint les toits mystérieux des guèbres.
Ces fous de la lumière ont l'oeil plein de ténèbres;
On les voue aux métiers immondes: ils les font.
Ils mêlent leur chimère au céleste plafond;
Ils contemplent la nuit, d'astres profonds semée,
Et l'appellent Saba, ce qui veut dire armée;
Ils adorent un point du ciel nommé Kébla;
A toute heure de l'ombre et de l'aube, ils sont là
S'offrant, les hommes nus et les femmes sans voiles,
Au dieu soleil époux des déesses étoiles;
Ils maudissent la fève et l'ail, craignent le sel
Et l'ambre, et font lever le pain avec du miel.
Ils vont jusqu'en Egypte, affrontant les numides,
Pieds nus, sacrifier des coqs aux pyramides,
Ces trois tombeaux de Seth, d'Enos et de Sabi;
L'arabe en pâlissant leur ferme son gourbi;
Ils font un philtre avec des herbes qu'ils écrasent;

Ils respectent le bœuf et la brebis, se rasent,
Et n'osent pas nommer l'astre à qui leurs élus
Font, de l'aurore au soir, soixante-trois saluts;
Ils ont pour ville Haran en Mésopotamie;
Leur tabernacle, autel de trouble et d'infamie,
Au lieu de l'occident regarde le levant;
Ils adressent, hagards, des questions au vent,
Comptent l'onde, et parmi leurs prophètes on nomme
Loth, roi des Philistins, et Numa, roi de Rome;
Dans le mois du Bélier leur tribu danse en rond;
Ils vénèrent Péor, le faune obscène; ils ont
Sept temples dédiés par Cham aux sept planètes;
Ils sont jongleurs, charmeurs de tigres, proxénètes,
Baigneurs, marchands de sorts, plongeurs de tourbillons;
Quand ils sèment, ils font deux parts de leurs sillons,
Dont l'une est pour le dieu, l'autre pour les déesses;
Leurs femmes ont parfois des serpents dans leurs tresses;
Ils reprochent au char la plainte de l'essieu;
Ils regardent, pensifs, les ratures que Dieu
A faites sur le tigre ainsi que sur le zèbre;
C'est parce que tous deux ont ce signe funèbre
Et cette ombre des mots inconnus sur le dos
Que l'un porte la haine et l'autre les fardeaux;
Presque à l'égal du temple ils révèrent l'étable;
Leur sommeil est étrange, agité, redoutable;
Le sage est dur pour eux, même dans sa bonté,
Car leur religion donne à l'humanité
Une difformité misérable et terrible;
Ils ont un livre écrit par Satan, chose horrible;
Un autre par Adam, un autre par Enos;
Tous savent lire et sont des songeurs infernaux;
Ce sont, sous l'azur sombre où les nuages glissent,
Des hommes stupéfaits et fauves qu'éblouissent
Les immenses couchers du soleil dans les monts,
Et qui mangent du sang ainsi que les démons.

Près d'un champ maigre, où croît plus de ronce que d'orge,
Dans son hangar croulant qu'empourpre un feu de forge,
Psyphax le guèbre est seul; sans veste, sans bonnet,
Bras nus, la scie aux poings, il travaille; et l'on est

A la fin du mois Jar, le second de l'année.

Dans cette plaine vaste, obscure, abandonnée,
Deux hommes vers le soir, marchant dans les fossés,
Se rencontrent, venant de deux points opposés.
Ils se parlent très bas avec un air de honte.
- Voici l'argent.

- Combien?

- Trente.

- Comptons.

On compte;
Dans l'ombre; en étouffant, comme en flagrant délit,
Le bruit d'un sac d'argent qu'on vide et qu'on remplit.

- Marché fait.

- Viendra-t-il pour la fête?

- Peut-être.

- Mais au milieu des siens comment le reconnaître?

- Celui qu'on me verra baiser, ce sera lui.

- C'est dit.

Et souriant, mais non sans quelque ennui,
L'homme qui prend l'argent fait un salut servile,
Met le sac sous sa robe et rentre dans la ville.

Et l'autre attend qu'il ait disparu, puis, sans bruit,
Regardant si de loin personne ne le suit,
Il s'enfonce à pas sourds dans la plaine funèbre,
Et l'on dirait qu'il va vers la maison du guèbre.

Psyphax travaille. Il ouvre au milieu des outils

Un vieux livre, et ses yeux y semblent engloutis,
Comme s'ils en puisaient la lueur vénérable;
Puis il reprend la vrille et l'équerre d'érable,
Et se remet à fendre un bloc informe et noir;
Puis il lit, quoiqu'on lise avec peine le soir,
De sorte que cet homme à la fois semble suivre
Son travail sous l'outil et sa loi dans le livre;
Soudain, au soupirail du toit presque détruit,
Apparaît la première étoile de la nuit;
Psyphax lève les yeux, l'aperçoit, se redresse,
Ebloui, pâle, et dit à voix basse: O déesse!
Or l'homme qui venait arrive. Il montre un sceau.
Il crache sur le livre ouvert, et dit: - Pourceau,
Je suis du temple. - Il laisse, en l'écartant, paraître
Sous son manteau dans l'ombre une robe de prêtre.
Et le payen se tait, avec ce pli du front
Que donne l'habitude horrible de l'affront;
Car il a reconnu Rosmophim, un des sages
Qui du Talmud au peuple expliquent les passages,
Docteur et juge, après Caïphe le premier.
Il tremble; le rayon rend visite au fumier.
Pourquoi?

C'est ce docteur Rosmophim qui, naguère,
A, d'après la loi sainte et le texte vulgaire,
Condamné Barabbas, et dit: Deux fois malheur!
Mort sur le meurtrier et mort sur le voleur!

Rosmophim dit: - Au nom du sanhédrin! - L'esclave
S'incline, et Rosmophim reprend d'une voix grave,
Pendant que son regard sur le guèbre tombait:
- As-tu quelque tronc d'arbre à faire un grand gibet;

Dans une sorte d'antre au fond de la masure
Gisaient de noirs poteaux de diverse mesure;
Le payen remua ces affreux blocs dormants,
Ainsi qu'un fossoyeur trouble un tas d'ossements,
Et l'on en voyait fuir des bêtes qu'on ignore;
Les poutres retombaient sur la terre sonore;
Soudain l'homme, que l'âtre aidait de sa clarté,

Poussant un dernier bloc, non sans peine écarté,
Montra du doigt au prêtre un madrier difforme,
Ayant le poids du chêne avec les nœuds de l'orme,
Lourd, vaste, et comme empreint de cinq doigts monstrueux;
On voyait au gros bout, renflement tortueux,
On ne sait quelle tache épouvantable et sombre,
Et l'on eût dit du sang élargi dans de l'ombre.
Rosmophim regarda la poutre, maugréant:
- Serait-ce le bâton de marche d'un géant?

- Seigneur, c'est en effet cela, dit l'idolâtre.

Et le prêtre jeta trois grains d'encens dans l'âtre
Pour purifier l'air où l'homme avait parlé.

L'homme reprit:
- Un champ qui fait mourir le blé,
Qui n'a pas un rameau vivant où l'oiseau dorme,
Egout où du déluge on voit la boue énorme,
Est le lieu sombre où j'ai trouvé ce tronc hideux.
Les hommes d'autrefois ne pouvaient être deux
Sans combattre, et l'un l'autre ils se prenaient pour cible,
Et la marque d'un meurtre est sur cet arbre horrible.
Les géants de la race Énacim, qui d'abord
Ont habité la terre antique, ont fait la mort.
Leur ombre immense couvre encor les races neuves.
Ils écrasaient du pied les éléphants des fleuves
Devant qui la forêt monstrueuse se tait;
Leur bâton de voyage ou de défense était
Un chêne qu'ils avaient cassé dans la clairière;
Et nous pourrions bâtir toute une tour de pierre
Avec un des cailloux qu'ils tenaient dans leur poing.

- Oui, dit le docteur, Dieu qui ne s'égare point
En attendant le nombre, exagéra la forme;
Le monde a commencé par la famille énorme;
Du groupe gigantesque est né le genre humain;
Le bloc d'hier sera tas de pierres demain;
Un géant tient d'abord la place d'une foule;
Puis, comme la nuée en gouttes d'eau s'écroule,

De génération en génération,
Il s'amoindrit, pullule, et devient nation;
Et Dieu fait le colosse avant la fourmilière.
Il reprit: - Ce tronc d'arbre a des traces de lierre.

- Non, c'est la pression du poignet du géant,
Dit l'esclave.

- Chien vil, dit le docteur songeant,
Je choisis ce poteau. Dans ton ombre mortelle
Fais-en vite une croix vaste et haute, mais telle
Qu'un homme cependant puisse encor la traîner.

Laissant derrière lui Psyphax se prosterner,
Le prêtre s'en alla, l'oeil plein d'une âpre flamme.
Et le guèbre, tirant du tas la poutre infâme,
La regardait, la hache au poing, disant tout bas:

- Il paraît qu'on veut faire honneur à Barabbas.

II. LE CANTIQUE DE BETHPHAGÉ

CHOEUR DE FEMMES
L'ombre des bois d'Aser est toute parfumée.
Quel est celui qui vient par le frais chemin vert?
Est-ce le bien-aimé qu'attend la bien-aimée?
Il est jeune, il est doux. Il monte du désert
Comme de l'encensoir s'élève une fumée.
Est-ce le bien-aimé qu'attend la bien-aimée?

UNE JEUNE FILLE
J'aime. O vents, chassez l'hiver.
Les plaines sont embaumées.
L'oiseau semble, aux bois d'Aser;
Une âme dans les ramées.

L'amante court vers l'amant
Il me chante et je le chante;

Oh! comme on dort mollement
Sous une branche penchante!

Je m'éveille en le chantant;
En me chantant il s'éveille;
Et l'aube croit qu'elle entend
Deux bourdonnements d'abeille.

L'un vers l'autre nous allons;
Il dit: «O belle des belles,
«La rose est sous tes talons,
«L'astre frémit dans tes ailes!»

Je dis: «La terre a cent rois;
«Les jeunes gens sont sans nombre;
«Mais c'est lui que j'aime, ô bois!
«Il est flamme et je suis ombre.»

Il reprend: «Viens avec moi
«Nous perdre au fond des vallées
«Dans l'éblouissant effroi
«Des vastes nuits étoilées.»

Et j'ajoute: «Je mourrais
«Pour un baiser de sa bouche;
«Vous le savez, ô forêts,
«O grand murmure farouche!»

L'eau coule, le ciel est clair.
Nos chansons, au vent semées,
Se croisent comme dans l'air
Les flèches de deux armées.

CHOEUR DE FEMMES
L'oiseau semble, aux bois d'Aser,
Une âme dans les ramées.

UN JEUNE HOMME

Elle dormait, sa tête appuyée à son bras;
Ne la réveillez pas avant qu'elle le veuille;
Par les fleurs, par le daim qui tremble sous la feuille,
Par les astres du ciel, ne la réveillez pas!

On ne la croit point femme; on lui dit: «Quoi! tu manges,
Tu bois! c'est à coup sûr quelque sainte liqueur!»
Tous les parfums ont l'air de sortir de son cœur;
Elle tient ses pieds joints comme les pieds des anges.

On dirait qu'elle a fait un vase de son corps
Pour ces baumes d'en haut qu'aucun miasme n'altère;
Elle s'occupe aussi des choses de la terre,
Car la feuille du lys est courbée en dehors.

Le bois des rossignols comme le bois des merles
L'admirent, et ses pas sont pour eux des faveurs;
Sa beauté, qui rayonne et luit, rendrait rêveurs
Les rois de l'Inde ayant des coffres pleins de perles.

Quand elle passe, avec des danses et des chants,
Le vieillard qui grondait, sourit; les plus maussades
L'admettent dans leur pré fermé de palissades;
La forme de son ombre est agréable aux champs.

Je pleure par moments, tant elle est douce et frêle!
L'autre jour, un oiseau, pas plus grand que le doigt,
S'est posé, frissonnant, sur le bord de mon toit;
J'ai dit: «Oiseau, soyez béni! priez pour elle.

Si je l'épouse, oh non! je ne veux plus partir.
Je ne m'en irai pas d'auprès de toi que j'aime,
Je ne m'en irai pas d'auprès de toi, quand même
Salomon m'enverrait vers Hiram roi de Tyr!

Son cœur, tout en dormant, m'adorait; douce gloire!
Un ange qui venait des cieux, passant par là,
Vit son amour, en prit sa part, et s'envola;
Car où la vierge boit la colombe peut boire.

Elle dormait ainsi qu'Annah rêvant d'Esdras;
O ma beauté, je fus le jour où vous m'aimâtes,
Ivre comme la biche au mont des aromates;
Son sein pur soulevait la blancheur de ses draps.

CHOEUR DE FEMMES
Ne la réveillez pas avant qu'elle le veuille;
Par les fleurs, par le daim qui tremble sous la feuille,
Par les astres du ciel, ne la réveillez pas!

LA JEUNE FILLE
Par l'ouverture de ma porte
Mon bien-aimé passa sa main,
El je me réveillai, de sorte
Que nous nous marions demain.
Mon bien-aimé passa sa main
Par l'ouverture de ma porte.

De la montagne de l'encens
A la colline de la myrrhe,
C'est lui que souhaitent mes sens,
Et c'est lui que mon âme admire
De la colline de la myrrhe,
À la montagne de l'encens.

Je ne sais comment le lui dire,
J'ai dépouillé mes vêtements;
Dites-le lui, cieux! Il soupire,
Et moi je brûle, ô firmaments!
J'ai dépouillé mes vêtements;
Je ne sais comment le lui dire.

CHOEUR DE FEMMES
Cieux! c'est lui que son âme admire,
C'est lui que souhaitent ses sens
De la colline de la myrrhe
À la montagne de l'encens.

LE JEUNE HOMME
Elle m'enflamme et je l'embrase,
Et je vais l'appelant, le cœur gonflé d'extase.
O nuages, elle est ce que j'aime le mieux.
Comme elle est belle avec son rire d'épousée,
L'oeil plein d'un ciel mystérieux,
Et les pieds nus dans la rosée!

Je la parfumerai de nard.
O rêve! elle mettra, dans notre couche étroite,
A mon front sa main gauche, à mon cœur sa main droite.
La nuit mes yeux joyeux font peur au loup hagard.
Je ressemble à celui qui trouve une émeraude.
Ma fierté fond sous son regard
Comme la neige sous l'eau chaude.

Son cou se passe de colliers;
La sagesse à la grâce en ses discours se mêle
Comme le ramier vole auprès de sa femelle;
Les séraphins lui font des signes familiers;
Cette vierge, ô David, ô roi rempli de gloire,
Ressemble à votre tour d'ivoire
Où pendent mille boucliers.

Femmes, croyez-vous qu'elle sorte?
Elle reste au logis et tourne son fuseau.
Et je l'appelle... mais je suis aimé, qu'importe!
Je bondis comme un faon des monts Nabujesso,
Comme si je planais dans l'air qui me réclame,
Et comme si j'avais une âme
Faite avec des plumes d'oiseau.

Venez voir quelqu'un de superbe!
Venez voir l'amant, fier comme un palmier dans l'herbe,
Beau comme l'aloès en fleur au mois d'élul!
Venez voir l'amoureux qui vaincrait les colosses!
Venez voir le grand roi Saül
Avec sa couronne de noces!

CHOEUR DE FEMMES
Venez voir le grand roi Saül
Avec sa couronne de noces!

LA JEUNE FILLE
L'amour porte bonheur. Chantez. L'air était doux,
Je le vis, l'herbe en fleur nous venait aux genoux,
Je riais, et nous nous aimâmes;
Laissez faire leur nid aux cigognes, laissez
L'amour, qui vient du fond des azurs insensés,
Entrer dans la chambre des âmes!

Qu'est-ce que des amants? Ce sont des nouveau-nés.
Mon bien-aimé, venez des monts, des bois! venez!
Profitez des portes mal closes,
Je voudrais bien savoir comment je m'y prendrais
Pour ne pas adorer son rire jeune et frais,
Venez, mon lit est plein de roses!

Ma maison est cachée et semble faite exprès;
Le plafond est en cèdre et l'alcôve en cyprès;
Oh! le jour où nous nous parlâmes,
Il était blanc, les nids chantaient, il me semblait
Fils des cygnes qu'on croit lavés avec du lait,
Et je vis dans le ciel des flammes.

Dans l'obscurité, grand, dans la clarté, divin,
Vous régnez; votre front brille en ce monde vain
Comme un bleuet parmi les seigles;
Absent, présent, de loin, de près, vous me tenez;
Venez de l'ombre où sont les lions, et venez
De la lumière où sont les aigles!

J'ai cherché dans ma chambre et ne l'ai pas trouvé;
Et j'ai toute la nuit couru sur le pavé,
Et la lune était froide et blême,
Et la ville était noire, et le vent était dur,

Et j'ai dit au soldat sinistre au haut du mur:
Avez-vous vu celui que j'aime?

Quand tu rejetteras la perle en ton reflux,
O mer; quand le printemps dira: «Je ne veux plus
«Ni de l'ambre, ni du cinname!»
Quand on verra le mois Nisan congédier
La rose, le jasmin, l'iris et l'amandier,
Je le renverrai de mon âme.

S'il savait à quel point je l'aime, il pâlirait.
Viens! le lys s'ouvre ainsi qu'un précieux coffret,
Les agneaux sont dans la prairie,
Le vent passe et me dit: «Ton souffle est embaumé!»
Mon bien-aimé, mon bien-aimé, mon bien-aimé,
Toute la montagne est fleurie!

Oh! quand donc viendra-t-il, mon amour, mon orgueil?
C'est lui qui me fait gaie ou sombre; il est mon deuil,
Il est ma joie; et je l'adore;
Il est beau. Tour à tour sur sa tête on peut voir
L'étoile du matin et l'étoile du soir,
Car il est la nuit et l'aurore!

Pourquoi fais-tu languir celle qui t'aime tant?
Viens! Pourquoi perdre une heure? Hélas, mon cœur attend;
Je suis triste comme les tombes;
Est-ce qu'on met du temps, dis, entre les éclairs
De deux nuages noirs qui roulent dans les airs,
Et les baisers de deux colombes?

CHOEUR DE FEMMES
Viens! ô toi qu'on attend! Chantons! l'air était doux.
Il la vit; l'herbe en fleur leur venait aux genoux.

III. LE TRIOMPHE

C'est ainsi que chantait, devant le ciel qui brille,

Le jeune homme alternant avec la jeune fille,
Un groupe des enfants du bourg de Bethphagé.
Au-delà d'un vallon de brume submergé,
On distinguait des tours, un mur blanc, une porte;
C'était Jérusalem. L'encens que l'aube apporte,
Les souffles purs, les fleurs s'éveillant dans les bois,
Les rayons, se mêlaient à l'ivresse des voix;
Et c'était à côté du chemin de la ville.
Hors du village, et près de la borne du Mille,
Tout en allant aux champs, ils s'étaient rencontrés;
L'herbe était verte, et l'aube éblouissait les prés;
Les hommes avaient dit: Trêve au travail austère!
Et les femmes avaient posé leur cruche à terre,
Et, sereins, ils s'étaient mis à chanter, tandis
Que les oiseaux poussaient des cris du paradis;
Une aïeule riait au seuil d'une masure;
Trois laboureurs hâlés, pour marquer la mesure,
Frappaient la terre avec le manche de leur faulx;
Les vierges, au front pur comme un lys sans défauts,
Songeaient, et, l'oeil noyé, la bouche haletante,
Regardaient l'horizon dans une vague attente.

Tout à coup, au moment où les femmes en chœur
Jetaient aux forêts l'hymne enflammé de leur cœur
Que marquait la cadence agreste des faucilles,
Quelqu'un dit: - Ecoutez! paix! - Et les jeunes filles
S'arrêtèrent, le doigt sur la bouche, entendant
Derrière le coteau brûlé du jour ardent,
D'autres voix qui chantaient, douces comme des âmes:

- «Le bien-aimé, celui que vous attendez, femmes,
«C'est celui-ci qui passe et que nous amenons.
«Le triomphe nous a choisis pour compagnons,
«La lumière permet que nous marchions près d'elle,
«Et nous menons le maître à son peuple fidèle,
«Voici le bien-aimé des âmes! et celui
«Sur qui la grande étoile éblouissante a lui!
«Toutes les majestés forment son diadème;
«Il pourrait foudroyer, il préfère qu'on l'aime;
«Il console Rachel, il relève Sara;

«Il marche entre la joie et la gloire; il sera
«Comme un bouquet de myrrhe entre deux seins célestes;
«Son sceptre anéantit dans les rayons les restes
«Du vieux monde terrible où se tord le serpent;
«Son nom divin est comme une huile qu'on répand;
«Au-dessus de sa tête, étonnement des anges,
«Le ciel est un murmure immense de louanges;
«Il est plus glorieux qu'Alexandre, et plus beau
«Que Salomon qui tient un lys dans son tombeau;
«Il a pour champ la terre, et l'esprit pour domaine;
«Il vient ôter la nuit de dessus l'âme humaine;
«Il fera reculer l'Hydre qui triomphait,
«Il transfigurera le monde stupéfait;
«L'abîme le regarde et l'aurore l'approuve;
«Le grondement du tigre et le cri de la louve,
«La haine, la fureur soulevant un pavé,
«La guerre, se tairont devant son doigt levé.
«Dans son immensité Moloch s'écroule et sombre.
«Il est sans tache, il est sans borne, il est sans nombre;
«Il produit, en fixant au ciel son oeil béni,
«La disparition du mal dans l'infini.
«Les chars de Pharaon près de lui sont de l'ombre.
«Il est plus radieux que Nemrod n'était sombre;
«Il brille plus qu'Ammon à qui rien ne manquait,
«Et dont le trône était le centre d'un banquet;
«Il dépasse Cyrus, debout sur son pilastre.
«Peuple, toute son âme est une clarté d'astre.
«C'est un roi; plus qu'un roi. C'est lui le Conquérant,
«C'est lui l'élu, c'est lui le vrai, c'est lui le grand!
«Gloire à lui! Le soleil le voit, l'ombre l'écoute.»

Alors on aperçut, au détour de la route,
Un homme qui venait monté sur un ânon.

Cet homme, dont chacun se redisait le nom,
Etait le même à qui naguère un prêtre blême
Avait jeté du haut du temple l'anathème.
Il avait les cheveux partagés sur le front;
Des femmes qui riaient et qui dansaient en rond,
Le suivaient, et de fleurs elles étaient couvertes,

Et des petits enfants portaient des branches vertes;
Et de partout, des champs, des toits, des bois obscurs,
Et de Jérusalem dont on voyait les murs,
Sortait la foule, gaie, heureuse, pêle-mêle;
Des mères lui montraient leur fils à la mamelle,
Et les vieillards criaient: Hosanna! Quelques-uns
Soufflaient sur des réchauds où brûlaient des parfums;
Il s'avançait avec le calme du mystère;
Et ces hommes louaient cet homme, et sur la terre
Etendaient leurs habits pour qu'il passât dessus;
Quelques lambeaux de pourpre à la hâte cousus
Faisaient une bannière en avant du cortège;
Et tous disaient: - Que Dieu le Père le protège!
Voilà celui qui vient pour nous rendre meilleurs! -
Lui, pensif, regarda Jérusalem, les fleurs,
Le soleil au plus haut des cieux comme une fête,
Ces tapis sous ses pieds, ces rameaux sur sa tête,
Et les femmes chanter, et le peuple accourir,
Et sourit, en disant: Je vais bientôt mourir.

IV. LE DEVOIR

Marie était assise entre Thomas et Jude;
Et le maître debout disait: - La solitude
Est un rayon d'en haut qu'on met dans son esprit;
Mais le sauveur va droit au peuple et s'y meurtrit;
Dieu livre le Messie aux multitudes viles;
La palme ne croit pas aux déserts, mais aux villes;
Malheur à qui se cache et malheur à qui fuit!
Laissons mûrir sur nous la mort ainsi qu'un fruit;
Et ne la troublons pas dans sa lente croissance;
Dieu, quand il juge un homme en sa toute-puissance,
Voit ce qu'il a vécu moins que ce qu'il a fait;
Au soleil de la mort David se réchauffait;
Ce serait mal aimer un frère que lui dire:
Recule! quand vers Dieu le sépulcre l'attire;
Et ce serait haïr et perdre son enfant
Que l'ôter du chemin funeste et triomphant;
Le calice est amer, mais l'exemple est utile;

Et c'est pourquoi je suis venu dans cette ville.

Ainsi parlait le fils et la mère écoutait.

V. DEUX DIFFÉRENTES MANIÈRES D'AIMER

C'est l'heure où le ramier rentre au nid et se tait.

Une femme se hâte en une rue étroite;
Elle regarde à gauche, elle regarde à droite,
Et marche. S'il faisait moins sombre au firmament,
On pourrait à ses doigts distinguer vaguement
Le cercle délicat des bagues disparues;
Son pied blanc n'est pas fait pour le pavé des rues;
Elle porte un long voile aux plis égyptiens
Plein de rayons nouveaux et de parfums anciens;
Jeune et blonde, elle est belle entre toutes les femmes;
Elle a dans l'oeil des pleurs semblables à des flammes;
C'est Madeleine, sœur de Lazare.

Elle court.
Près de son pas céleste un oiseau serait lourd.
Où va-t-elle?

Il est nuit, et personne ne passe.

Une lumière brille en une maison basse.

Une autre femme, grave, est debout sut le seuil.
Son front est gris; elle est sévère sans orgueil,
Douce comme un enfant et grande comme un sage.
Elle pleure et médite; on voit sur son visage
La résignation au sacrifice noir;
On dirait la statue en larmes du devoir;
Le cœur tremblant s'appuie en elle à l'âme forte;
C'est la mère.

Elle a l'air de garder cette porte.

Madeleine l'aborde, et presque avec des cris
Lui parle, et s'épouvante, et tord ses bras meurtris.

- Mère, ouvre-moi. Je viens. Il s'agit de sa vie.
Me voici. J'ai couru de peur d'être suivie.
On creuse l'ombre autour de ton fils. Je te dis
Que je sens fourmiller les serpents enhardis.
J'ai connu les démons, du temps que j'étais belle;
Je sais ce que l'enfer met dans une prunelle;
Je viens de voir passer Judas; cela suffit.
C'est un calculateur de fraude et de profit;
C'est un monstre. Ouvre-moi, que j'entre chez le maître.
Le temps presse. Il sera trop tard demain peut-être.
Il faut que ce soir même il fuie, et que jamais
Il ne revienne! ô mère! et, si tu le permets,
Je vais l'emmener, moi! Ces prêtres sont infâmes!
Manquer sa mission, ne point sauver les âmes,
Que nous importe, à nous les femmes qui l'aimons!
Il sera mieux avec les tigres dans les monts
Que dans Jérusalem avec les prêtres. Mère,
Qu'il renonce au salut des hommes, sa chimère,
Qu'il fuie! Oh! n'est-ce pas? nous baisons ses talons,
Et qu'il vive, voilà tout ce que nous voulons.
Ces juifs l'égorgeront! Demande à ma sœur Marthe
Si c'est vrai, s'il n'est pas nécessaire qu'il parte.
Laisse-moi l'arracher à son affreux devoir!
Oh! te figures-tu cela, mère? le voir
Saisi, lié, tué peut-être à coups de pierre!
O Dieu! le voir saigner, lui, ce corps de lumière!
Ouvre-moi. Je sais bien qu'il est dans ta maison
Puisque je vois sa lampe à travers la cloison.
O mère, laisse-moi l'implorer pour que vite
Il s'en aille et s'échappe et qu'il prenne la fuite!
A quoi songes-tu donc que tu ne réponds rien?
Si tu veux, à nous deux, nous le sauverons bien!
Veux-tu te joindre à moi pour arracher notre ange
Au gouffre monstrueux de ce devoir étrange,
Aux bourreaux, à Judas, son hideux compagnon?

La mère en sanglotant lui fait signe que non.

VI. APRÈS LA PÂQUE

On était aux grands jours où le temple flamboie,
Où les petits enfants s'éveillent pleins de joie;
La Pâque était venue. On avait dans les fours
Cuit le pain sans levain qu'on vend aux carrefours.

Or Jésus-Christ était sur la montagne obscure;
Au lieu même où plus tard fut un temple à Mercure
Bâti par Adrien, détruit par Constantin.

C'était le soir; Jésus avait dit le matin
Aux disciples rangés autour de lui: «- Vous, Jacques,
«Vous, Pierre, vous, Thomas, voici le jour de Pâques;
«Vous irez dans la ville où des gens passeront;
«Vous trouverez un homme ayant sa cruche au front;
«À l'endroit où cet homme ira, quel qu'il puisse être,
«Vous irez à sa suite, et vous direz: - Le Maître
«Vient faire ici la Pâque. - Et pour cette raison
«Le maître du logis donnera sa maison.
«Il sied que Dieu toujours nous mène où bon lui semble.
«Et nous célébrerons la Pâque tous ensemble.

Et cela s'était fait ainsi qu'il l'avait dit.

Ce que la Cène vit et ce qu'elle entendit
Est écrit, dans le livre où pas un mot ne change,
Par les quatre hommes purs près de qui l'on voit l'ange,
Le lion, et le bœuf, et l'aigle, et le ciel bleu;
Cette histoire par eux semble ajoutée à Dieu
Comme s'ils écrivaient en marge de l'abîme;
Tout leur livre ressemble au rayon d'une cime;
Chaque page y frémit sous le frisson sacré;
Et c'est pourquoi la terre a dit: Je le lirai!
Les âmes du côté de ce livre mendient,
Et vingt siècles penchés dans l'ombre l'étudient.

C'était donc le soir même où cet être divin
Venait de partager le gâteau sans levain;

Christ, assis, lui treizième, au centre de la table,
- Et ce noir chiffre Treize est resté redoutable, -
Avait rompu le pain, versé le vin, disant:
«Mangez, voici ma chair; buvez, voici mon sang.»
Puis il avait repris: «Allons où Dieu nous mène!»
Et tous étaient allés en sortant de la Cène
Au jardin qui fleurit derrière le Cédron.

Ce torrent, que jamais n'a touché l'aviron,
Coulait hors de la ville au pied d'une colline.
Les pâtres y montraient la cave sibylline
De Lilith, femme spectre, amante du démon;
C'est près de ce coteau que le prêtre Simon
Fit creuser le canal à laver les hosties;
Des sources y versaient, à travers les orties,
Une eau qui de la ville emplissait les viviers;
Et ce lieu s'appelait le Mont des Oliviers.

On venait sur ce mont aux époques de jeûnes.

Une plantation d'oliviers alors jeunes
Le couvrait en effet, jetant aux verts sentiers
Une ombre qui faisait durer les églantiers.
Christ y vint, murmurant tout bas: Que Dieu m'assiste!
Et ce qui s'y passa ce soir-là fut si triste,
Si lâche et si fatal qu'aujourd'hui ce jardin
Est voisin de l'enfer comme du ciel l'Eden.

Voici ce que Jésus disait sur la montagne;

«Ce qu'on perd sur la terre au ciel on le regagne.

«Qui regarde en arrière et s'étonne de peu,
«Celui-là n'est pas propre au royaume de Dieu.

«Dieu se dévoile assez pour que l'homme le voie.

«Je suis moins grand que lui, mais c'est lui qui m'envoie.
«Quand je parle, c'est lui qui dit ce que je dis.
«Si vous vous aimez bien, voilà le paradis.

«Soyez bons. Dieu choisit ceux que je lui désigne.

«Il est le vigneron, et moi je suis la vigne.
«Il viendra, comme il fit pour Job et pour Amos,
«Une serpe à la main, émonder mes rameaux,
«Et, gardant les féconds, coupera les stériles.

«Enseignez tendrement le peuple dans les villes,
«Souriez, n'ayez point entre vous de débats.

«Quand vous êtes parmi les tombes, parlez bas;
«Car au fond du sépulcre une oreille est ouverte;
«Ceux qu'on croit endormis sous la grande herbe verte,
«Ecoutent, et vos voix leur parlent dans les vents,
«Et sachez que c'est là la maison des vivants.

«Qui maudit doit trembler. Ne faites rien trop vite.
«Esdras, voyant l'enfant d'une femme maudite,
«Le prit et le jeta tout vivant dans la mer
«Par l'effet surprenant d'un zèle trop amer.
«Dieu l'a puni.

Marchez dans la route tracée.
«Aimez. N'enviez pas à d'autres leur pensée;
«Il faut se contenter des lumières qu'on a;
«L'un est plus sage et l'autre est plus doux; Dieu donna
«Plus de fruit au figuier, plus d'ombre au sycomore.
«Croyez.»

Il ajouta d'autres choses encore;
Puis soudain il dit, pâle et d'un frisson saisi:

- Allons! celui qui doit me vendre est près d'ici.

VII. COMMENCEMENT DE L'ANGOISSE

Alors il s'éloigna de près d'un jet de pierre,
Et se mit à genoux, et fit une prière.

Il resta longtemps seul et comme plein d'effroi.

Il disait: - «Ecartez ce calice de moi,
«Seigneur! S'il faut mourir pourtant, que la mort vienne!
«Que votre volonté soit faite, et non la mienne.»

Le reste dans le ciel ténébreux se perdit.

Les disciples dormaient. Christ revint, et leur dit:

- Quoi donc! vous n'avez pu même veiller une heure!

Il reprit:

- C'est ainsi qu'il convient que je meure.
Cela doit être, et nul au monde n'y peut rien.
Je suis venu pour être abandonné. C'est bien.
Il faut qu'on me rejette ainsi qu'un misérable.

On distinguait au loin le temple vénérable
Bâti par Salomon sur le mont Moria.

- Pardon pour tous! dit Christ. Mais Pierre s'écria:

- Si quelqu'un vous délaisse et vous quitte, ô mon maître,
Ce ne sera pas moi, car je suis votre prêtre.
Que le tombeau pour vous s'ouvre, j'y descendrai.

Jésus lui répondit, calme, tandis qu'André,
Jude et Thomas tournaient vers lui leurs têtes grises:

- Vous m'aurez renié, vous Pierre, à trois reprises
Que le coq n'aura pas encor chanté trois fois.

VIII. CHRIST VOIT CE QUI ARRIVERA

Il alla de nouveau prier au fond du bois.

Il songeait, et sa voix disait:

- Mon âme est triste
Jusqu'à la mort; et l'homme en moi tremble et résiste;
Je frémis comme Job, je crains comme Judith.

Puis il parla si bas que Dieu seul entendit.

Soudain il s'écria, pâle comme un prophète:

- Deuil, lamentation et douleur sur ta tête,
O Balaath qu'emplit un peuple querelleur!
Malheur, Corozaïm! Bethsaïde, malheur!
Parce que vous avez dédaigné mes oracles,
Parce que si j'avais fait les mêmes miracles,
Crié le même appel et le même pardon
Dans Ninive aux cent tours, dans Tyr et dans Sidon,
On aurait vu pleurer Ninive, et Tyr descendre
De son trône, et Sidon vêtir le sac de cendre!
C'est fini. Je vous vois désertes. Vous voilà
Muettes comme un lac dont toute l'eau coula.
Vos jardins ont l'odeur des charniers insalubres.
Tout croule. Vos palais sont devenus lugubres
Sous le passage obscur des châtiments divins;
Ce sont des pans de mur inutiles et vains;
Les mâchoires des morts ne sont pas plus terribles.
Malheur! on ne voit plus le grain sortir des cribles;
Plus de fille de joie assise sur son lit;
On n'entend plus cracher les passants; l'herbe emplit
Les sentiers que suivaient les mulets et les zèbres.
Le plein midi ne fait qu'augmenter vos ténèbres;
On a beau peindre en blanc le sépulcre, il est noir.
Le soleil est présent à votre désespoir;
Vos décombres sont pleins d'antres épouvantables.
O Moïse, ils ont fait une fêlure aux tables,
Ils ont brisé la loi; c'est bien, mourez. Assez!
Vous serez si tremblants, peuples, et si chassés
Que vous ferez sous terre une seconde ville.
Comme sous le pressoir on voit déborder l'huile,
Le sang en longs ruisseaux jaillit sous le talon

Des princes écrasant Ruben et Zabulon;
Isaachar et Lévi sont abolis. Partage
Et désert, comme après la chute de Carthage.
On vend un peuple ainsi qu'une bête au marché.
Malheur, Jérusalem! ô maison du péché,
Malheur; tu seras morte entre les cités mortes;
Les rois feront sculpter un pourceau sur tes portes;
Tu seras une ville infâme et sans témoin,
Qu'il sera défendu de regarder de loin.
La femme pleurera d'être grosse ou nourrice.
Qui te verra croira qu'il voit la cicatrice
Des tonnerres au front du monde châtié;
Et tu seras l'endroit où finit la pitié.

Quand il eut ainsi fait des reproches aux villes,
Il s'approcha des siens et dit:

- Soyez tranquilles;
Ce n'est pas à présent votre jour, c'est le mien.
Tout est bon si ma mort enseigne, tout est bien
Si dans la vérité l'homme se désaltère.
Or je m'élèverai de dessus cette terre
Et j'attirerai tout à moi du haut du ciel.
Christ finit le combat commencé par Michel.

Son oeil devint étrange et semblait voir des choses
Au fond de son esprit confusément écloses.

- Les trois femmes en deuil dans la tombe entreront,
Marchant l'une après l'autre, humbles, courbant le front
A cause du lieu bas et de l'entrée étroite,
Et verront un jeune homme assis dans l'angle à droite
Qui leur dira, serein comme un soleil levant:
«Pourquoi donc chez les morts cherchez-vous le vivant?

La vision d'un être inouï qui se lève
Dans un sépulcre avec la lumière du rêve,
Fera fuir les soldats pleins d'un effroi sacré.

Trois jours après ma mort je ressusciterai;

Mais quand j'apparaîtrai blanc près de la fontaine,
Vous me verrez ainsi qu'une forme incertaine;
Madeleine croira que c'est le jardinier;
Thomas commencera par douter et nier,
Mais les trous de mes pieds le forceront à croire;
Et quand il aura mis dans ma blessure noire
Son doigt qu'il ôtera tiède et mouillé de sang,
Il s'en ira songer dans l'ombre en frémissant.

Priez. Ne livrez point ma doctrine aux querelles.
Est-ce que les épis sont pour les sauterelles?
Quand je serai parti, vous répandrez ma loi.
Beaucoup se tromperont, l'erreur naîtra de moi.
L'ombre est noire toujours même tombant des cygnes.

Quand je ne serai plus vous verrez de grands signes.
Les ténèbres croîtront sur le front d'Israël;
On entendra parler une voix dans le ciel,
Et tous regarderont l'ombre extraordinaire:
Luc dira: c'est un ange; et Jean, c'est le tonnerre.

Je porterai les cœurs ainsi que des fardeaux;
Des laboureurs feront des sillons sur mon dos;
Ces laboureurs, c'est vous; et votre œuvre est austère.
L'homme n'a rien, ni sac plein d'or, ni coin de terre,
Qu'il puisse regarder ici-bas comme sien.
Allez sans hésiter dire au pharisien:
«Prends garde à cette fange immonde où tu te vautres!»
Soyez doux. Aimez-vous toujours les uns les autres.

En cet instant Jésus tressaillit, se parla
A lui-même, et, fermant les yeux, dit: le voilà.

Judas parut suivi d'hommes armés d'épées.

IX. JUDAS

Et Judas s'approchant, blême et les mains crispées,
Baisa Christ.

Et le ciel sacré fut obscurci.

- Mon ami, dit Jésus, que viens-tu faire ici?

Puis il reprit, tourné vers Dieu:

- Tu m'abandonnes;
Mais je ne perds aucun de ceux que tu me donnes,
Seigneur. Ma mort suffit, et seul je la subis.
Le pasteur doit périr en sauvant les brebis.

Et, désignant du doigt ses disciples, le maître
Dit aux soldats:

- Le Christ est facile à connaître.
Je suis celui qu'on cherche et dont on a souci.
Me voilà. Prenez-moi. Laissez aller ceux-ci.

Or Simon surnommé Pierre avait une épée,
Il cria:
- Dieu par qui Jézabel fut frappée,
Viens défendre ton Christ, ô Dieu qui châtias
Hérode pour avoir fait mourir Mathias!

Et, levant son épée, il vint droit à la troupe,
Et blessa le premier qui s'offrit dans le groupe,
Un nommé Malchus, aide et garde du bourreau.
- Remettez, dit Jésus, votre épée au fourreau.
Qui frappe avec le glaive est frappé par le glaive.
Il reprit: - Puisqu'on a commencé, qu'on achève. -
Et se mit de lui-même au milieu des soldats.
Il ne regardait rien, pour épargner Judas.
Quelqu'un du temple dit: - Marchons. L'heure s'écoule.
- Vous pouviez me saisir tous les jours dans la foule,
Dit Jésus, en offrant aux cordes ses poignets;
Quand j'allais dans le temple et lorsque j'enseignais,
J'étais sous votre main. Vous n'aviez qu'à l'étendre;
Et c'est par trahison que vous venez me prendre!
Et vous venez la nuit comme pour un voleur!

Je pourrais dire à Dieu: Père, apparaissez-leur!
Et vous entendriez accourir les tempêtes,
Et vous verriez, tremblants, au-dessus de vos têtes,
S'ouvrir et flamboyer l'ombre, et des millions
D'anges, et tout l'abîme avec tous ses lions!
Et si j'ajoutais: Viens toi-même! vos prunelles
Verraient soudain, parmi les foudres éternelles,
Sortir de la nuée un front prodigieux!
Mais il ne convient pas que j'appelle les cieux;
Faites; car c'est ici votre heure, et la puissance
Des ténèbres, et Dieu vous livre l'innocence;
Et tout doit s'accomplir ainsi qu'il est écrit.

Alors on acheva de lier Jésus-Christ;
Et le chef dit: - Il faut l'emmener. Ce qu'ils firent.
Et tous ceux que cet homme avait aimés, s'enfuirent.

X. LILITH-ISIS

Ô Jean, visionnaire effaré de Pathmos,
Comme tu te cachais derrière les rameaux,
Avec saint Marc, alors jeune et l'un des lévites,
En vous penchant parmi les arbres noirs, vous vîtes
Sur la colline un être effrayant, vague, seul,
Debout dans le frisson livide d'un linceul;
C'était de l'ombre ayant la forme d'une femme;
Cet être guettait Christ dans cette troupe infâme,
Comme s'il était là pour une mission;
Or la bande aperçut, en rentrant dans Sion,
Cette femme fixant sur eux dans les ténèbres
Ses deux yeux qui semblaient deux étoiles funèbres;
Un d'eux, que le Toldos appelle Eddon-Azir,
Courut vers elle, et comme il allait la saisir,
L'être, pareil aux feux fuyant dans l'ossuaire,
Disparut, lui laissant dans les mains le suaire.

Et plus tard, les soldats, contant après l'arrêt
Comment ils avaient pris Jésus de Nazareth,
Dirent qu'ils avaient vu sur la montagne sombre

La fille de Satan, la grande femme d'ombre,
Cette Lilith qu'on nomme Isis au bord du Nil.

XI. JÉSUS CHEZ ANNE

Jésus lié marchait disant: Ainsi soit-il!

On le mena d'abord chez Anne, ancien grand-prêtre,
Pour qu'il attendit là l'heure de comparaître,
Des servantes, des gueux, des vendeurs de poissons,
Des sacrificateurs vêtus de caleçons,
Le flot des curieux qui passe et qui repasse,
Entouraient Christ assis dans une salle basse;
Il était nuit; mais Anne, étant levé déjà,
Descendit, vint trouver Christ, et l'interrogea.
Et Christ lui répondit: - Interrogez la foule.
J'ai versé mon esprit comme une eau qui s'écoule.
Prêtre, j'ai deux témoins: l'homme et le firmament.
Parlez-leur. J'enseignais partout publiquement.
Et quant à mon royaume, il n'est pas de la terre.
Je n'ai rien à vous dire et n'ai rien à vous taire.
Qu'est-ce que vous venez demander à présent? -
Un soldat le frappa de sa verge en disant:
- Est-ce ainsi qu'on répond à notre ancien grand-prêtre?
- Si j'ai mal dit, tu peux blâmer, dit le doux maître;
Mais si j'ai bien parlé, pourquoi me frappes-tu?
Anne disait, s'étant à la hâte vêtu:
- J'ai froid. - Et tous criaient: - C'est un impie! Exemple!
Châtiment! il a dit qu'il détruirait le temple,
Seigneur, et qu'en trois jours il le rebâtirait.
- Peuple, le tribunal prononcera l'arrêt,
Dit Anne, et non pas moi: car je n'en suis plus membre.

Et, leur laissant leur proie, il rentra dans sa chambre.

Alors, ayant bandé les yeux du patient,
Ils l'outragèrent, tous pêle-mêle, et criant:
- Devine qui te frappe! et prophétise, ô sage!
Dis-nous quel est celui qui te crache au visage?

Fais sécher, si tu peux, le poing qui te meurtrit,
Messie!

Et les valets souffletaient Jésus-Christ.

XII. LES DIX-NEUF

Le jour est loin encor, pas un rayon n'effleure
L'orient froid et noir, mais on devance l'heure.

Les juges, dont l'orgueil est d'aller lentement,
Montent au tribunal d'un air calme et dormant.
Le grand-prêtre en souliers, les prêtres en sandales,
Marchent tous à la file et traversent les dalles.
Chacun d'eux a son nom sur sa chaise gravé.
Le Gabbatha, qu'on nomme aussi le Haut-Pavé,
Est le palais lugubre où le tribunal siège.

Devant la porte, un vase, où sur l'eau flotte un liège,
Semble dire au passant, qui songe avec effroi:
L'eau c'est le peuple, et rien ne submerge la loi.

Le sanhédrin, sous qui la Judée est courbée,
Ebauché par Moïse, accru par Macchabée,
Depuis qu'il a subi l'arrogant examen
Du préteur Gabinus, oeil du sénat romain,
Se réfugie, ainsi qu'une orfraie effarée,
Dans une sorte d'ombre inquiète et sacrée;
Jadis le peuple vil qui fourmille au soleil
Parfois apercevait cet austère appareil
Que la loi triste emplit de sa vague colère,
Les tables, les gradins, la chambre circulaire,
Les docteurs dans leur chaire assis sur les hauteurs,
Les scribes dans leur stalle aux genoux des docteurs,
Et l'essaim des enfants aux robes incarnates,
Les lévites, épars à terre sur les nattes;
Maintenant tout est clos. C'est loin de tous les yeux
Que le Prince s'assied, spectre mystérieux,
Ayant le Père à droite, ayant le Sage à gauche;

C'est dans l'obscurité qu'on laboure et qu'on fauche;
Rome pouvant entendre, on cache les débats;
Le sanhédrin se mure et la loi parle bas.

Donc depuis Gabinus, ce sénat de prière
Qui s'assemble au lieu dit le Conclave de Pierre,
Ce sanhédrin qui fait une haie à la loi,
Qui seul sait le comment et seul dit le pourquoi,
Pour punir le blasphème a commis dix-neuf juges.
Ces dix-neuf, devant qui l'impie est sans refuges,
Comme Dieu sur l'Horeb sont sur le Gabbatha.

La salle est large et haute. Oliab la sculpta.
La nuit ne sort jamais de ce lieu sans fenêtres.
Une lampe suffit au front blême des prêtres.
Dix-neuf chaises de cèdre, au fond du cintre obscur,
Mêlent leur double étage aux ténèbres du mur;
On sent que là, vertu, crime, innocence et vice,
Tremblent devant cette ombre humaine, la justice.

La poussière des ans, près du plafond, ternit
Un chérubin ouvrant six ailes de granit.

Les taffilins, nommés par les grecs phylactères,
Couvrent la voûte; à l'or de leurs saints caractères,
Textes brumeux épars sur des plaques de fer,
La lampe par instant arrache un vague éclair.

Les juges, les voici: huit scribes, tête nue;
Quatre docteurs qu'emplit la science inconnue,
Ceints du taled, l'esprit hors du monde réel;
Et, mêlés aux docteurs, sept anciens d'Israël,
Vêtus de blanc, pensifs sous leurs turbans à mitres.

Sabaoth luit dans l'oeil de ces sombres arbitres.

En montant à sa place, ainsi qu'Aaron faisait,
Chaque juge récite à voix haute un verset;
On dirait que la loi farouche les enivre.

Le sciamas tient les clefs; le cazan tient le livre.

L'oeil fixé sur le texte écrit par David roi,
Les deux hommes nommés les Epoux de la Loi
Lisent, en alternant d'une grave manière,
L'un la première page et l'autre la dernière.

La lampe a quatre bras comme celle d'Endor.

Un degré de sithim étoilé de clous d'or
Exhausse un large trône en ivoire où préside
Caïphe destiné dans l'ombre au suicide.
Ses souliers sont de pourpre et sa robe est de lin;
Autour de chaque bras il porte un taffilin
Où l'on peut lire un vers résumant la doctrine;
Et le rational qu'il a sur la poitrine
Mêle à la majesté de ses sacrés habits
Tous les noms des tribus gravés sur des rubis;
Le grand-prêtre est assis, fatal comme un prophète;
Et l'on voit remuer vaguement sur sa tête,
Comme au vent de la nuit brille et tremble un fanal,
La tiare, clarté du sombre tribunal.

La rumeur des versets qu'on récite s'apaise;
On se tait; chaque juge est assis dans sa chaise.

Christ est debout devant ces hommes ténébreux;
Son oeil inépuisable en rayons luit sur eux.

XIII. LA CHOSE JUGÉE

L'huissier du dogme dit: - Silence! on délibère.
Gloire au Dieu saint! et gloire à l'empereur Tibère!

Rosmophim parle. Il dit: - «L'homme que vous voyez
«Rit des lois et des saints par Dieu même envoyés;
«Il se croit plus grand qu'eux et se prétend Messie.
«Il se dit Roi des Juifs. Il ment. L'arche est noircie,
«O Prêtres, par la nuit qui sort de ses discours.

«Cet homme doit mourir. Nos pères ont toujours
«Fait creuser des tombeaux par la loi violée.

Josaphat crie: - «A mort l'homme de Galilée!

«- Observons la loi, dit Achias de Membré.
«Il faut que par le prêtre au prince il soit livré,
«Et qu'Hérode l'envoie à Pilate. A quoi servent
«Des lois que ni le roi ni le juge n'observent?

Joseph de Ramatha dit: «L'homme est innocent.»

«- L'exil, dit Potiphar.

- Non, dit Samech, du sang!»

Et Nicodemus dit: - «Il faut d'abord qu'on prouve.

«- D'abord, répond Teras, qu'on le tue! et qu'on trouve,
«Demain, puisque cet homme a dit: nous sommes trois;
«Deux voleurs pour l'aller compléter sur la croix;

«- Qu'il meure, dit Riphar, dans les formes prescrites.»

Gamaliel se lève. Il est le chef des rites;
Et ce maître inflexible a vu le premier vol
Du jeune aigle effrayant qui plus tard fut saint Paul.
Il parle, l'oeil au ciel: - «L'indulgence est un leurre.
«Juste ou non, attaquant les lois, il faut qu'il meure.

«- Non, réplique Joram, j'absous! Je pense, moi,
«Que les arrêts trop durs font mal vivre la loi;
«Il sied qu'à l'accusé le juge compatisse;
«Sur la sévérité des juges la justice
«Pleure comme l'enfant sut le pain noir qu'il mord.

«- Ce langage est payen, dit Saréas. La mort.

«- Mort! dit Elieris; il prêche le ravage.

«- Mort! répète Diras; il combat l'esclavage.

Et Sabinti s'indigne au nom du sanhédrin;
Il atteste le vase aux douze bœufs d'airain,
Et crie: «- A mort! qu'il meure! ou l'arche est abattue!»

Simon, qui fut plus tard lépreux, dit: «- Qu'on le tue.»

Le sénateur Mesa se lève après Simon:
«- S'il dit vrai, c'est un dieu; s'il ment, c'est un démon.
«Donc il faut qu'on l'adore ou bien qu'on l'extermine.

«- Dieu, dit Ptoloméus, peut avoir sa vermine.

Et Rabam jette un cri dans la rumeur perdu:
«- Ne le condamnez pas sans l'avoir entendu!»

La sagesse commence et finit au pontife;
Tout arrêt doit venir du grand-prêtre.

Caïphe
Se lève le dernier, la double corne au front;
Dressant cette tiare où toujours brilleront
Les deux rayons du chef de la terre promise,
Sombre, et plus ressemblant à Satan qu'à Moïse,
Il dit:

«- Mieux vaut la mort d'un homme que la mort
«D'un peuple, et du viol des lois le gibet sort;
«Il faut punir. Sinon, malheur! Quiconque hésite
«Est une âme de nuit que le démon visite;
«Le juge indulgent suit le crime comme un chien;
«Celui qui ne sait pas ces choses ne sait rien.

Puis, à demi tourné vers Jésus, il ajoute:

«- Sa voix fera peut-être écrouler cette voûte.
«Pourtant, parle. Est-il vrai que tu te sois vanté
«D'être le fils de Dieu saint dans l'éternité?

Christ répondit: - C'est vous, ô prêtre, qui le dites.

Et, comme on pouvait voir confusément écrites
Des sentences au mur que le temps effaçait,
Calme, il montrait du doigt aux juges ce verset:

«Le sage adore Dieu. Quiconque est esprit, l'aime.
«Le soleil n'est nié dans la sphère suprême
«Ni par l'astre Allioth, ni par l'étoile Algol.
«Quand Dieu luit, refuser de croire, c'est un vol.
«Celui qui nie est fils de celui qui dérobe.»

Caïphe dit: Blasphème! et déchira sa robe,
Quoique cela lui fût défendu par la loi.
Et, pâle, il s'écria:

«- Paix à quiconque a foi!
«Moi, Caïphe, courbé sous le Seigneur, je pense
«Qu'on doit au mal la peine, au bien la récompense,
«Et qu'il faut éclairer ceux qu'un fourbe a déçus,
«Et je condamne à mort l'homme appelé Jésus.»

Un prêtre casse en deux une baguette noire.

Caïphe se rassied sur son trône d'ivoire.

On emmène Jésus.

Les juges restent seuls;
Leurs robes dans la nuit paraissent des linceuls;
Tous font silence autour de Caïphe en prière.

XIV. LA FIDÉLITE DU MEILLEUR

Une servante vint dans la cour et vit Pierre
Qui se chauffait, ouvrant ses mains devant le feu:

- Vous étiez, lui dit-elle, un des gens de ce dieu,
De ce Jésus, car c'est le nom dont on le nomme.

- Et Pierre répondit: - Femme, quel est cet homme?
Je ne le connais point.

Alors le coq chanta.

Cependant les bourreaux, au haut du Golgotha,
Creusaient la terre afin d'y planter la potence.

Dans la cour du grand-prêtre et parmi l'assistance,
Pierre pensait.

Quelqu'un tout à coup l'appela
Et cria: - Vous étiez avec cet homme-là.

Pierre dit: - Je ne sais ce que vous voulez dire.

Une femme, un moment après, se prit à rire,
Disant: - Vous connaissez l'homme qu'on juge ici.
Car vous êtes venu de Galilée aussi.

Sur quoi Pierre jura d'une exécrable sorte:
- Non! je n'ai jamais vu cet homme!

Sur la porte
Le coq chanta.

La nuit couvrait les noirs chemins.

Pierre, se souvenant, prit son front dans ses mains
Et se mit à pleurer amèrement dans l'ombre.

XV. L'AUTRE CHAISE D'IVOIRE

Les scribes, les docteurs, les prêtres en grand nombre,
Entourent, précédés d'un lévite crieur,
Dans la cour du prétoire un porche extérieur
Qui sous son dôme abrite une chaise d'ivoire.

Cette chaise a l'aspect farouche de la gloire;
Et l'on y sent le droit que donne au conquérant
Le peuple qu'on massacre et la ville qu'on prend.
A cette chaise monte un escalier de bronze.

Ils sont tous là, les Cent, les Dix-Neuf et les Onze.

Derrière eux, et tombant parfois sur le genou,
Vient Jésus qu'un soldat traîne par un licou
Comme un muletier tire une bête de somme.

L'avertisseur public, un avocat de Rome,
Le vieux Némurion Plancus, grammairien
De la loi, que plus tard fit changer Adrien,
Parle et dit ce qu'il faut qu'on évite ou qu'on suive:

Un homme est arrêté par les juifs; la loi juive
Le condamne; les juifs peuvent le lapider;
C'est leur droit; cela dit, qu'ont-ils à demander?
La lapidation leur paraît trop rapide;
Ils veulent qu'on le cloue et non qu'on le lapide;
Ils viennent supplier qu'on mène l'homme en croix.
Or ceci touche Rome, et César, et ses droits.
Doit-on crucifier l'homme? voilà l'affaire.
D'où vient que pour ce juif le sanhédrin préfère
A leur supplice hébreu le supplice romain?
Est-il rebelle? est-il voleur de grand chemin?
Cela n'est point prouvé par les juifs: c'est leur culte
Qui semble avoir souffert de l'homme quelque insulte;
Or jamais un dieu juif ne recevra d'affront
Dont César sentira la rougeur à son front.
Un blasphémateur juif est-il un parricide?
Ce sanhédrin le dit; que le préteur décide.
Ces peuples, après tout, respectent le tribun;
S'ils tiennent à la mort honteuse de quelqu'un,
César clément leur peut accorder cette grâce.

Pendant que Plancus parle, un murmure s'amasse
Dans l'auditoire plein de gestes et de voix;
Tous les prêtres hagards éclatent à la fois:

- Préteur! c'est ton devoir de crucifier l'homme!
Il s'est dit Roi des Juifs; il est rebelle à Rome;
Notre dogme est ici d'accord avec ta loi;
Et c'est nier César que de s'affirmer roi.

Un licteur sous le porche écoute sans colère.

Derrière le licteur est l'homme consulaire,
Ponce Pilate, assis, distrait, calme, indolent.

Son pied chaussé de pourpre est sur du marbre blanc;
Ce marbre, qui l'exhausse au fond de la coupole,
Pour les romains l'honore et pour les juifs l'isole;
Et nul autre que lui ne touche du talon
Cette dalle que fit placer là Corbulon,
Proconsul en l'an deux du consulat d'Octave.
Pilate, ancien préfet dans le pays batave,
Fut si fidèle au temps de la rébellion
Qu'Auguste lui donna sa villa de Lyon.
Il est procurateur, lieutenant consulaire.
Le port de Tyr lui paie un talent par galère;
Il possède à Cythère en Grèce, un revenu
Que lui doivent, le droit de César retenu,
Les chercheurs de corail et les pêcheurs d'éponges.
Sa femme Procula sait le secret des songes.
C'est un homme d'esprit prudent, d'âge moyen.
Le peuple juif méprise en tremblant ce payen.
Pilate autour du front porte trois bandelettes
Dont une est écarlate et deux sont violettes;
Sa laticlave blanche à bandes rouges pend
Sur un nain familier entre ses pieds rampant;
Dans son ombre un greffier écrit sur une table;
Quand on parle trop haut, le licteur redoutable
Fait un signe, le bruit des voix contrariant
Le préteur assoupi comme un roi d'orient.

Et, sculptée au dossier de sa chaise curule,
Pendant que de ces cœurs, où tant de haine brûle,
Sort le gibet infâme entrevu vaguement,

Au-dessus des avis, des voix, du jugement,
Au-dessus de ce tas de scribes et de prêtres,
Sur tous ces noirs complots, sur tous ces regards traîtres,
Sur tous ces vils orgueils, l'âpre louve d'airain
Dresse son bâillement sinistre et souverain.

XVI. ROSMOPHIM

Les fossoyeurs de croix piochent sur le Calvaire.
Le brouillard, ce manteau de deuil du ciel sévère,
Couvre le mont, où, seuls, ces hommes, loin du bruit,
Dans l'ombre, ont travaillé presque toute la nuit.
On entend le Cédron dont les eaux sont très grosses.
Ils s'arrêtent après avoir creusé deux fosses.
Et l'un d'eux, le plus vieux, dit aux autres: - Je crois
Que c'est tout; nous n'avons d'ordres que pour deux croix,
Pour deux larrons qu'on doit mettre à mort dans les fêtes;
Dismas et Gestas; or, les deux fosses sont faites.
Un prêtre en ce moment, Rosmophim de Joppé,
Qui vient de survenir, d'ombres enveloppé,
Sort de la brume ainsi qu'un tigre sort de l'antre,
Et leur dit: - Creusez-en une troisième au centre.

XVII. PIRE QUE JUDAS

Alors Judas sentit le poids des trente écus.
Par le mal qu'ils ont fait les hommes sont vaincus.
Il vint au temple et vit Caïphe sur la porte,
Et, lui montrant le sac, il dit: - Je le rapporte.
J'ai vendu l'innocent; reprends ton or. Malheur!
Caïphe! reprends tout. - Je serais un voleur.
Garde ton sac, va-t'en! répondit le grand-prêtre.
J'ai l'homme, et toi l'argent. Tout est comme il doit être.
Tu dois être content. - Non. Je suis réprouvé!
Dit Judas, et, jetant l'argent sur le pavé,
Il cria: - Je rends tout. Voilà toute la somme!
Et les prêtres riaient; et ce malheureux homme
S'en alla dans un lieu sinistre et se pendit.

Où? dans quel vil ravin? dans quel recoin maudit?
Comment ce criminel subit-il sa sentence?
De quel arbre effrayant fit-il une potence?
Est-ce à quelque vieux clou d'un mur qui pourrissait
Qu'il attacha le nœud vengeur? Nul ne le sait.
Cette corde à jamais flotte dans les ténèbres.

XVIII. LE CHAMP DU POTIER

Oh! des champs sont fatals, des charniers sont célèbres,
Des plaines et des mers sont sanglantes, parfois
Des vallons ont la marque effroyable des rois
L'odeur des attentats, la trace des carnages;
Des crimes monstrueux, comme des personnages,
Ont traversé des bois ou des rochers, qu'on voit
Avec peur, en mettant sur ses lèvres son doigt,
Ascalon est hideux, Josaphat est austère,
Le lac Asphalte est noir; mais pas un lieu sur terre
Ne te passe en horreur, funèbre Haceldama!
Les vases qu'un potier de ta fange forma
Tremblent dans la lueur trouble des catacombes
Et blêmissent ainsi que des urnes de tombes;
Sans doute, dans l'endroit implacable et profond,
Ce sont ces vases-là que portent sur le front
Les spectres, quand ils vont puiser de l'ombre au gouffre.
Ton nom semble tragique et fait d'un mot qui souffre,
Haceldama! ce mot crie ainsi qu'un blessé.

Le sac de Judas fut des prêtres ramassé.

Or ils cherchaient un lieu de sépulture vile
Pour les gentils mourant par hasard dans la ville,
Afin que l'étranger restât toujours dehors,
Et ne fût pas chez lui, même étant chez les morts.
Ils choisirent l'enclos du potier solitaire.

Les trente écus dont fut payé ce coin de terre
Avaient déjà servi pour payer Jésus-Christ.

Et ce lieu depuis lors est nocturne.

Il fleurit.
Il verdoie, et l'aurore en s'éveillant le touche,
Rien ne peut dissiper sa nuit; il est farouche.
Il appartient au deuil, au silence, au regard
Fixe et terrifiant de l'infini hagard;
Une chauve-souris éternelle l'effleure;
Toujours quel que soit l'astre et quelle que soit l'heure,
L'oeil dans ce champ lugubre entrevoit à demi
L'épouvantable argent par Judas revomi;
On sent là remuer des linceuls invisibles,
Le sang pend goutte à goutte aux brins d'herbes terribles,
Des vols mystérieux de larves font du vent
Sur le front du songeur ténébreux et rêvant,
Et de vagues blancheurs frissonnent dans la brume
Hélas!

XIX. ECCE HOMO

C'était, le jour de Pâque, une coutume
Fort ancienne, où les juifs et Rome étaient d'accord,
Que le peuple, parmi les condamnés à mort,
Choisit un misérable auquel on faisait grâce.

Prés du palais, lieu sombre où la foule s'entasse,
Se pressait, comme autour des ruches les essaims,
Le peuple de la ville et des pays voisins
Qu'un licteur contenait du manche de sa hache.
Les paysans, menant par la corde leur vache,
Les femmes apportant au marché leurs paniers,
Devant le seuil, gardé par douze centeniers,
S'arrêtaient, éclairés par l'aurore vermeille.
La rumeur de la fête avait depuis la veille
Vers les quatre coteaux de Sion dirigé
Les habitants d'Aser et ceux de Bethphagé,
Ceux de Naim et ceux d'Émath; et sur la place
Chaque faubourg avait versé sa populace;

On y voyait aller et venir, sans bâton,
Gais, l'oeil joyeux, des gens qui jadis, disait-on,
Blêmes, et mendiant aux portes des boutiques,
Etaient aveugles, sourds, boiteux, paralytiques,
Et que l'homme appelé le Christ avait guéris.
C'était la même foule aux tumultueux cris
Qui, naguère, agitant au vent des branches vertes,
Et les âmes à Dieu toutes grandes ouvertes,
Battant des mains, chantant des cantiques, courait
Dans les chemins devant Jésus de Nazareth.
Plusieurs l'avaient béni comme un dieu qu'on écoute;
Et, pour avoir jeté leurs manteaux sur sa route,
Ils avaient de la terre encore à leurs habits.
Deux hastati de Rome, aux casques bien fourbis,
Se promenaient devant la porte du prétoire;
Et des marchandes d'eau vendaient au peuple à boire,
Et les petits enfants jouaient aux osselets.

Tout à coup apparut sur le seuil du palais
Christ couronné d'épine et vêtu d'écarlate;
Il avait un roseau dans la main; et Pilate,
Le leur montrant, leur dit: Voilà l'homme.

Le Christ
Se taisait, l'oeil au ciel.

Et Pilate reprit:
- C'est aujourd'hui qu'on laisse un misérable vivre.
Peuple, lequel des deux veux-tu que je délivre:
Barabbas, ou Jésus nommé Christ; - Barabbas;
Cria le peuple. Alors, au-dessous de leur pas,
Ils crurent tous entendre on ne sait quel tonnerre
Rouler... - C'était quelqu'un qui riait sous la terre.

Ainsi jugeaient les juifs sous l'oeil froid des romains.

Ponce Pilate songe et se lave les mains.

XX. LA MARCHE AU SUPPLICE

La première heure allait finir quand de la geôle
Jésus sortit, portant une croix sur l'épaule;
On avait délié les cordes du poignet;
Ayant été battu de verges, il saignait;
On le huait; la loi frappe, le peuple accable;
La croix, démesurée, écrasante, implacable,
Dont la cognée à peine avait taillé les nœuds,
Etait faite d'un bois féroce et vénéneux,
Et qui semblait avoir déjà commis des crimes.

La foule, allant, courant, mangeant les pains azymes,
Chantant, montrait les poings à Christ des deux côtés
De la route où marchaient ses pas ensanglantés;
Des vierges, reflétant l'aube sur leur visage,
L'insultaient, et battaient des mains sur son passage,
Et riaient des cailloux déchirant ses talons;
Et l'on voyait des tas de têtes d'enfants blonds
Aux portes des maisons, pour la fête fleuries.

Quelques disciples, fronts baissés, les trois Maries,
Sa mère, le suivaient de loin dans le trajet.

L'oeil sinistre de Jean dans les gouffres plongeait.
Le jour, blême, fuyait. L'attente était profonde.

Quatre anges se tenaient aux quatre coins du monde;
Ces anges arrêtaient au vol les quatre vents,
Pour qu'aucun vent ne pût souffler sur les vivants,
Ni troubler le sommet des montagnes de marbre,
Ni soulever un flot, ni remuer un arbre.

XXI. TÉNÈBRES

Barabbas stupéfait est libre.
Sous les plis
D'un brouillard monstrueux dont les cieux sont remplis,
La ville est un chaos de maisons et de rues.
Des geôliers tout à l'heure, en paroles bourrues

Racontant l'aventure entre eux confusément,
Ont ouvert son cachot, rompu son ferrement,
Puis ont dit: - Va; le peuple a fait grâce! - De sorte
Qu'il ne sait rien, sinon qu'on a poussé la porte,
Que le ciel est tout noir, que nul ne le poursuit,
Et qu'il peut s'envoler dans l'ombre, oiseau de nuit.
Ce choix qui fait mourir Jésus et le fait vivre,
Tout ce récit, lui semble un vin dont il est ivre;
Il erre dans la ville, il y rampe, il en sort,
Comme parfois on voit marcher quelqu'un qui dort.
Quelle route prend-il; La première venue.
Il avance, il hésite et cherche, et continue,
Et ne sait pas, devant l'obscure immensité;
Il a derrière lui les murs de la cité,
Mais il ne les voit pas; son front troublé s'incline;
Il ne s'aperçoit point qu'il monte une colline;
Monter, descendre, aller, venir, hier, aujourd'hui,
Qu'importe; il rôde, ayant comme un nuage en lui;
Il erre, il passe, avec de la brume éternelle
Et du songe et du gouffre au fond de sa prunelle.
Il se dit par moments: c'est moi qui marche. Oui.
Tout est si ténébreux qu'il est comme ébloui.

Le chemin qu'au hasard il suit, rampe et s'enfonce
Aux flancs d'un mont où croît à peine quelque ronce,
Et Barabbas pensif, gravissant le rocher,
Sans voir où vont ses pas laisse ses pieds marcher;
La vague horreur du lieu plaît à cette âme louve;
Or, tout en cheminant, de la sorte, il se trouve
Sur un espace sombre et qui semble un sommet;
Il s'arrête, puis tend les mains, et se remet
A rôder à travers la profondeur farouche.

Tout en marchant, il heurte un obstacle; il le touche;
- Quel est cet arbre; où donc suis-je; dit Barabbas.
Le long de l'arbre obscur il lève ses deux bras
Si longtemps enchaînés qu'il les dresse avec peine.
- Cet arbre est un poteau, dit-il. Il y promène
Ses doigts par la torture atroce estropiés;
Et tout à coup, hagard, pâle, il tâte des pieds.

Comme un hibou surpris rentre sous la feuillée,
Il retire sa main; elle est toute mouillée;
Ces pieds sont froids, un clou les traverse, et de sang
Et de fange et d'horreur tout le bois est glissant;
Barabbas éperdu recule; son oeil s'ouvre
Epouvanté, dans l'ombre épaisse qui le couvre,
Et, par degrés, un blême et noir linéament
S'ébauche à son regard sous l'obscur firmament;
C'est une croix.

En bas on voit un vase où plonge
Une touffe d'hysope entourant une éponge;
Et, sur l'affreux poteau, nu, sanglant, les yeux morts,
Le front penché, les bras portant le poids du corps,
Ceint de cordes de chanvre autour des reins nouées,
Le flanc percé, les pieds cloués, les mains clouées,
Meurtri, ployé, pendant, rompu, défiguré,
Un cadavre apparaît, blanc, et comme éclairé
De la lividité sépulcrale du rêve;
Et cette croix au fond du silence s'élève.

Barabbas, comme un homme en sursaut réveillé,
Tressaillit. C'était bien un gibet, froid, souillé,
Effroyable, fixé par des coins dans le sable.
Il regarda. L'horreur était inexprimable;
Le ciel était dissous dans une âcre vapeur
Où l'on ne sentait rien sinon qu'on avait peur;
Partout la cécité, la stupeur, une fuite
De la vie, éclipsée, effrayée, ou détruite;
Linceul sur Josaphat, suaire sur Sion;
L'ombre immense avait l'air d'une accusation;
Le monde était couvert d'une nuit infamante;
C'était l'accablement plus noir que la tourmente;
Pas une flamme, pas un souffle, pas un bruit.
Pour l'oeil de l'âme, avec ces lettres de la nuit
Qui rendent la pensée insondable lisible,
Une main écrivait au fond de l'invisible:
Responsabilité de l'homme devant Dieu.
Le silence, l'espace obscur, l'heure, le lieu,
Le roc, le sang, la croix, les clous, semblaient des juges;

Et Barabbas, devant cette ombre sans refuges
Frémit comme devant la face de la loi,
Et, regardant le ciel, lui dit: ce n'est pas moi;

Puis, fantôme lui-même en cette nuit stagnante,
Larve tout effarée et toute frissonnante,
Pâle, il se rapprocha lentement du gibet;
Et, tout en y marchant, craintif, il se courbait,
Plus chancelant qu'un mât sur la vague mouvante,
Fauve, et comme attiré, malgré son épouvante,
Par l'espèce de jour qui sortait de ce mort.
Spectre, il montait, avec une sorte d'effort,
Vers l'autre spectre, vague ainsi qu'un crépuscule;
Et cet homme avançait de l'air dont on recule,
Inquiet, hérissé, comme agité du vent,
Et prêt à fuir après chaque pas en avant.
Jésus mort répandait un rayonnement blême:
La mort comme n'osant s'achever elle-même,
Laissait flotter, au trou morne et sanglant des yeux,
Le reste d'un regard tendre et mystérieux;
Son front triste semblait s'éclairer à mesure
Que cet homme approchait d'une marche mal sûre;
Quand Barabbas fut près, la prunelle brilla.
Si quelque ange, venu des cieux, eût été là,
Il eût cru voir ramper dans l'horreur d'une tombe
Un serpent fasciné par l'oeil d'une colombe.

Et le bandit, courbé sous l'épaississement
De la brume croissant de moment en moment,
Contemplait, et la terre avait l'air orpheline;
L'ombre songeait.

Alors, sur cette âpre colline,
Et sous les vastes cieux désolés et ternis,
Comme si le frisson des pensers infinis
Tombait de cette croix ouvrant ses bras funèbres,
On ne sait quel esprit entra dans les ténèbres
De cet homme, et le fit devenir effrayant.
Un feu profond jaillit de son oeil foudroyant;
L'âme immense d'Adam, couché sous le Calvaire,

Sembla soudain monter dans ce voleur sévère,
Il éleva la voix tout à coup, du côté
Où les monts s'enfonçaient dans plus d'obscurité,
Cachant Jérusalem sous le brouillard perdue,
Et pendant qu'il parlait, jetant dans l'étendue,
L'anathème, les cris, les plaintes, les affronts,
Quelque chose qu'on vit plus tard sur d'autres fronts,
Une langue de flamme, au-dessus de sa tête
Brillait et volait, comme en un vent de tempête;
Et Barabbas debout, transfiguré, tremblant,
Terrible, cria:

- Peuple, affreux peuple sanglant,
Qu'as-tu fait; Ô Caïn, Dathan, Nemrod, vous autres,
Quel est ce crime-ci qui passe tous les nôtres;
Voilà donc ce qu'on fait des justes ici-bas;
Populace! à ses pieds jadis tu te courbas,
Tu courais l'adorer sur les places publiques,
Tu voyais sur son dos deux ailes angéliques,
Il était ton berger, ton guide, ton soutien.
Dès qu'un homme paraît pour te faire du bien,
Peuple, et pour t'apporter quelque divin message,
Pour te faire meilleur, plus fort, plus doux, plus sage,
Pour t'ouvrir le ciel sombre, espérance des morts,
Tu le suis d'abord, puis, tout à coup, tu le mords,
Tu le railles, le hais, l'insultes, le dénigres;
O troupeau de moutons d'où sort un tas de tigres;
Quel prix pour tant de saints et sublimes combats;
Celui-ci, c'est Jésus; ceci, c'est Barabbas.
L'archange est mort, et moi, l'assassin, je suis libre;
Ils ont mis l'astre avec la fange en équilibre,
Et du côté hideux leur balance a penché.
Quoi; d'une part le ciel, de l'autre le péché;
Ici, l'amour, la paix, le pardon, la prière,
La foudre évanouie et dissoute en lumière,
Les malades guéris, les morts ressuscités,
Un être tout couvert de vie et de clartés;
Là, le tueur, sous qui l'épouvante se creuse,
Tous les vices, le vol, l'ombre, une âme lépreuse,
Un brigand, d'attentats sans nombre hérissé... -

Oh; si c'était à moi qu'on se fût adressé,
Si, quand j'avais le cou scellé dans la muraille,
Pilate était venu me trouver sur ma paille,
S'il m'avait dit: «Voyons, on te laisse le choix,
C'est une fête, il faut mettre quelqu'un en croix,
Ou Christ de Galilée, ou toi la bête fauve;
Réponds, bandit, lequel des deux veux-tu qu'on sauve;»
J'aurais tendu mes poings et j'aurais dit: clouez;
Cieux; les rois sont bénis, les prêtres sont loués,
Le vêtement de gloire est sur l'âme de cendre;
Un gouffre était béant, l'homme vient d'y descendre;
Un crime restait vierge, il vient de l'épouser;
Oh; Caïn maintenant tue avec un baiser;
C'est fini; le dragon règne, le mal se fonde,
On ne chantera plus dans la forêt profonde,
Les hommes n'auront plus d'aurore dans leur cœur,
L'amour est mort, le deuil lamentable est vainqueur,
La dernière lueur s'éteint dans la nature;
Eux-mêmes ont de leur main fait cette fermeture
De la pierre effroyable et sourde du tombeau;
Puisque le vrai, le pur, le saint, le bon, le beau,
Est là sur ce poteau, tout est dit, rien n'existe.
L'homme est dorénavant abominable et triste,
Cette croix va couvrir d'échafauds les sommets;
Ce monde est de la proie; il aura désormais
L'obscurité pour loi, pour juge l'ignorance;
Vaincre sera pour lui la seule différence;
La mise en liberté des monstres lui convient;
Cette bête, la Nuit scélérate, le tient.
Le mal ne serait pas s'il n'avait pas une âme;
Cette chaîne d'horreur qui, dans ce monde infâme,
Commencée à César, s'achève à Barabbas,
Dépasse l'homme et va dans l'ombre encor plus bas;
Et, comme le serpent s'enfle sous la broussaille,
Je sens un être affreux qui sous terre tressaille.
Sois content, toi, là-bas, sous nos pieds; J'aperçois
Au fond de cette brume et devant cette croix
Ton grincement de dents, ce rire des ténèbres.
Et toi, vil monde, à race humaine, qui célèbres
Les rites de l'enfer sur des autels d'effroi,

Tremble en tes profondeurs; j'entends autour de toi
La réclamation des gueules de l'abîme.
Je demande à genoux pardon à ta victime;
Genre humain, ta noirceur en est là maintenant
Que le gibet saisit l'apôtre rayonnant,
Que sous le poids de l'ombre abjecte, l'aube expire,
Et que lui, le meilleur, périt sous moi, le pire;
Oh; je baise sa croix et ses pieds refroidis,
Et, monstrueusement sauvé par toi, je dis:
Malheur sur toi!

Malheur, monde impur, lâche et rude;
Monde où je n'ai de bon que mon ingratitude,
Sois maudit par celui que tu viens d'épargner;
Puisse à jamais ce Christ sur ta tête saigner;
Qu'un déluge d'opprobre et de deuil t'engloutisse,
Homme, plus prompt à choir du haut de la justice
Que l'éclair à tomber du haut du firmament;
Sois maudit dans ces clous, dans ce gibet fumant,
Dans ce fiel! sois maudit dans ma chaîne brisée;
Sois damné, monde à qui le sang sert de rosée,
Pour m'avoir délivré, pour l'avoir rejeté,
Monde affreux qui fais grâce avec férocité,
Toi dont l'aveuglement crucifie et lapide,
Toi qui n'hésites pas sur l'abîme, et, stupide,
N'as pas même senti frissonner un cheveu
Dans ce choix formidable entre Satan et Dieu.

3. III. LE CRUCIFIX

Depuis ce jour, pareille au damné qui rend compte,
La morne humanité, sur qui pèse la honte
Des justes condamnés et des méchants absous,
Est comme renversée en arrière au-dessous
D'une vision triste, éternelle et terrible.
Un Calvaire apparaît dans la nuée horrible
Que tout le genre humain regarde fixement;
Une lividité de crâne et d'ossement
Couvre ce mont difforme où monte un homme pâle;
L'homme porte une croix, et l'on entend son râle,
Ses pieds dans les cailloux saignent, ses yeux noyés
Pleurent, pleins de crachats qu'on n'a pas essuyés,
Le sang colle et noircit ses cheveux sur sa tempe;
Et l'homme, que la croix accable, tombe, rampe,
Se traîne, et sur ses mains retombe, et par moment
Ne peut plus que lever son front lugubrement.

Et l'oeil du genre humain frémissant continue
De regarder monter cet homme dans la nue.

Une tourbe le suit; il arrive au plateau;
D'infâmes poings crispés arrachent son manteau;
Cris féroces; va donc! pas de miséricorde;
Il va, montrant son dos rouge de coups de corde,
Hué par l'aboiement et mordu par les crocs
D'on ne sait quel vil peuple, envieux des bourreaux;
Au milieu des affronts il est comme une cible.
On étend l'homme, nu comme un Adam terrible,
Sur le gibet qu'il a traîné dans le chemin;
On enfonce des clous dans ses mains; chaque main
Jette un long flot de sang à celui qui la cloue,
Et le bourreau blasphème en essuyant sa joue;
La foule rit. On cloue après les mains, les pieds;
Le marteau maladroit meurtrit ses doigts broyés;
On appuie à son front la couronne d'épines;
Puis, entre deux bandits expiant leurs rapines,

On élève la croix en jurant, en frappant,
En secouant le corps qui se disloque et pend;
Le sang le long du bois en ruisseaux rouges coule;
Et la mère est en bas qui gémit; et la foule
Rit : - Voyons, dieu Jésus, descends de cette croix; -
Une éponge de fiel se dresse. - As-tu soif? bois; -
Le peuple horrible a l'air du loup dans le repaire;
Et le grand patient dit : - Pardonnez-leur, Père,
Car ces infortunés ne savent ce qu'ils font.

Et voici que la terre avec le ciel se fond.
Nuit! ô nuit; tout frémit, même le prêtre louche.
Et soudain, à ce cri qui sort de cette bouche :
- Elohim; Elohim; lamma sabacthani! -
On voit un tremblement au fond de l'infini,
Et comme un blême éclair qui tressaille et qui sombre
Dans l'immobilité formidable de l'ombre.

Et pendant que les cœurs, les mains jointes, les yeux,
Sont éperdus devant ce gibet monstrueux,
Pendant que, sous la brume épouvantable où tremble
Ce crime qui contient tous les crimes ensemble,
Brume où Judas recule, où chancelle la croix,
Où le centurion s'étonne et dit : je crois;
Pendant que, sous le poids de l'action maudite,
Sous Dieu saignant, l'effroi du genre humain médite,
Des voix parlent, on voit des songeurs bégayants,
La pitié se déchire en récits effrayants.
La tradition, fable errante qu'on recueille,
Entrecoupée ainsi que le vent dans la feuille,
Apparaît, disparaît, revient, s'évanouit,
Et, tournoyant sur l'homme en cette étrange nuit,
La légende sinistre, éparse dans les bouches,
Passe, et dans le ciel noir vole en haillons farouches;
Si bien que cette foule humaine a la stupeur
Du fait toujours présent là-haut dans la vapeur,
Vrai, réel, et pourtant traversé par des rêves.

... ...

« Comme il montait, suant et piqué par les glaives,
« Une femme eut pitié, le voyant prêt à choir,

« Et l'essuya, posant sur son iront un mouchoir;
« Or, quand elle rentra chez elle, cette femme
« Vit sur le mouchoir sombre une face de flamme. »

... ...
« Comme il continuait de monter, tout en sang,
« Il s'arrêta, livide, épuisé, fléchissant
« Sous la croix exécrée et l'infâme anathème,
« Un homme lui cria : marche; - Marche toi-même,
« Dit Jésus-Christ. Et l'homme est errant à jamais. »

... ...
« Un des voleurs lui dit : - Faux dieu; tu blasphémais!
« Es-tu dieu; Sauve-nous et sauve-toi toi-même;
« L'autre voleur cria : - Jésus; je crois! je t'aime!
« Souviens-toi qu'un mourant s'est à toi confié!
« Alors, levant ses yeux vers ce crucifié,
« Jésus agonisant parvint à lui sourire :
« - Homme, pour avoir dit ce que tu viens de dire,
« O voleur sur la croix misérable expirant,
« Tu vas entrer aux cieux, et tu seras plus grand
« Qu'un empereur portant la couronne et le globe. »

... ...
« Ils se sont partagé le manteau, mais la robe
« N'ayant pas de couture, ils l'ont jouée aux dés. »

... ...
« De six à neuf, les monts furent d'ombre inondés;
« Toute la terre fut couverte de ténèbres;
« Comme si quelque main eût ployé ses vertèbres,
« Il baissa tout à coup la tête, et dans ses yeux
« Lugubres apparut la profondeur des cieux;
« Et, poussant un grand cri, Jésus expira. L'ombre
« Monta, fumée infâme, aux étoiles sans nombre;
« Dans le temple, les bœufs d'airain firent un pas,
« Le voile se fendit en deux du haut en bas.
« Hors des murs, il se fit un gouffre où se dressèrent
« D'affreux êtres sur qui les rochers se resserrent
« Et que la vaste fange inconnue enfouit;

« Et tout devint si noir que tout s'évanouit;
« Les sépulcres, s'ouvrant subitement, restèrent
« Béants, montrant leur cave où les taupes déterrent
« Les squelettes couchés dans des draps en lambeaux;
« Des morts pâles, étant sortis de leurs tombeaux,
« Furent vus par plusieurs personnes dans la ville. »

… … … … … … … … … … … … … … … … .

Ainsi sur ce troupeau frémissant, immobile,
Lugubre et stupéfait, qu'on nomme Humanité,
Tombent, du fond de l'ombre et de l'éternité,
On ne sait quels lambeaux de chimère et d'histoire
Et de songe, où l'enfer mêle sa lueur noire.
Et l'on a peur du ciel qui saigne à l'orient.
Et l'ouragan est plein de spectres s'écriant :
O nations; le meurtre éternel se consomme;
Et, parmi tous les mots que peut prononcer l'homme
Pas un, si frissonnant qu'il fût, ne suffirait
A peindre cette horreur de tombe et de forêt,
Le sourd chuchotement des quatre évangélistes,
Et l'agitation des grandes ailes tristes
Qu'en ce gouffre de deuil et de rébellion
Dressent l'aigle, le bœuf, l'archange et le lion.

Dix-huit cents ans ont pu s'écouler sans que l'homme,
Autour duquel mouraient Byzance, Athène et Rome,
Et passait Charlemagne et montait Mahomet,
Ait quitté du regard cette croix, ce sommet,
Cette blancheur sanglante, et ces lueurs divines
Sous l'entrelacement monstrueux des épines;
Et sans qu'il ait cessé d'entendre un seul moment
L'immense cri jeté dans le noir firmament,
Et lisible à jamais sur ce sombre registre,
Et le déchirement du grand voile sinistre,
Et dans l'obscurité consciente, au-dessus
De ce gibet où pend l'être appelé Jésus,
Au-dessus des songeurs étudiant les bibles,
Le sanglot effrayant des bouches invisibles.

Quand donc pourra-t-on dire : Hommes, le mal n'est plus;
Quand verra-t-on finir le flux et le reflux;

O nuit! ce qui sortit de Jésus, c'est Caïphe.

Le tigre, ayant encor de ce sang à la griffe,
Remonta sur l'autel et dit : je suis l'agneau.
Christ, ce libérateur, ne brisa qu'un anneau
De la chaîne du mal, du meurtre et de la guerre;
Lui mort, son dogme, hélas! servit à la refaire;
La tiare s'accrut de son gibet. Jésus,
Dans les cieux au-delà du sépulcre aperçus,
S'en alla, comme Abel, comme Job, comme Elie;
Quand il eut disparu, l'œuvre étant accomplie,
En même temps qu'au loin se répandait sa loi :
« - Vivez! aimez; marchez! délivrez! ayez foi! - »
Le serpent relevait son front dans les décombres,
Et l'on vit, ô frisson! ô deuil! des prêtres sombres
Aiguiser des poignards à ses préceptes saints,
Et de l'assassiné naître des assassins!
Ghisleri, Borgia, Caraffa, Dominique!... -
Faites donc que jamais l'homme ne soit inique,
Et que jamais le prêtre, impie et solennel,
N'emploie à quelque usage infâme l'Eternel!

La flagellation du Christ n'est pas finie.
Tout ce qu'il a souffert dans sa lente agonie,
Au mont des oliviers et dans les carrefours,
Sous la croix, sur la croix, il le souffre toujours.
Après le Golgotha, Jésus, ouvrant son aile,
A beau s'être envolé dans l'étoile éternelle;
il a beau resplendir, superbe et gracieux,
Dans la sérénité magnifique des cieux,
Dans la gloire, parmi les archanges solaires,
Au-dessus des douleurs, au-dessus des colères,
Au-dessus du nuage âpre et confus des jours;
Chaque fois que sur terre et dans nos temples sourds
Et dans nos vils palais, des docteurs et des scribes

Versent sur l'innocent leurs lâches diatribes,
Chaque fois que celui qui doit enseigner, ment,
Chaque fois que d'un traître il jaillit un serment,
Chaque fois que le juge, après une prière,
Jette au peuple ce mot : Justice! et, par-derrière,
Tend une main hideuse à l'or mystérieux,
Chaque fois que le prêtre, époussetant ses dieux,
Chante au crime Hosanna, bat des mains aux désastres,
Et dit : gloire à César! Là-haut, parmi les astres,
Dans l'azur qu'aucun souffle orageux ne corrompt,
Christ frémissant essuie un crachat sur son front.

- Torquemada, j'entends le bruit de ta cognée.
Tes bras sorti nus, ta face est de sueur baignée;
À quoi travailles-tu seul dans ton noir sentier; -
Torquemada répond : - Je suis le charpentier.
Et j'ai la hache au poing dans ce monde où nous sommes.
- Qu'est-ce donc que tu fais; - Un bûcher pour les hommes
- Avec quel bois; - Avec la croix de Jésus-Christ.

Après avoir courbé sous la loi qui flétrit
Et sous la loi qui tue, hélas! cet être auguste,
Après avoir cloué sur le gibet ce juste
D'où ruisselle le sang et d'où le pardon sort,
Devant l'obscurité des sentences de mort,
Devant l'affreux pouvoir d'ôter la vie, et d'être
Celui qui fait mourir, mais qui ne fait pas naître,
Devant le tribunal, devant le cabanon,
Devant le glaive, l'homme a-t-il reculé? non.
Sous cette croix que charge une horreur inconnue,
Ce qu'on nomme ici-bas Justice, continue.
Ce spectre aveugle et sourd, dont l'ombre est le manteau,
A peine se souvient d'avoir à ce poteau
Attaché cette immense innocence étoilée.

En présence du bien, du mal, dans la mêlée
Des fautes, des erreurs, où le juste périt,
Pas un juge n'a peur de ce mot : Jésus-Christ!
Le Calvaire n'a point découragé la Grève;
Montfaucon à côté du Golgotha s'élève;

Et le Messie a pu mourir sans éclairer.
L'homme n'a pas cessé de se dénaturer
Dans le tragique orgueil de condamner son frère.
L'ouverture hideuse, infâme, téméraire,
Du sépulcre au milieu des lois, c'est là le port;
Et le noir genre humain s'abrite dans la mort.

Tristes juges! ô deuil! quoi! pas un ne s'arrête!
Le grand spectre qui porte au-dessus de sa tête
L'écriteau ténébreux et flamboyant : INRI,
Pâle, éploré, sanglant, fouetté, percé, meurtri,
Pend devant eux au bois de la croix douloureuse,
Tandis que chaque mot prononcé par eux, creuse
Une fosse dans l'ombre et dresse un échafaud :
A mort cet homme! à mort cette femme! il le faut!
A mort le fils du peuple! à mort l'enfant du chaume!
- Vous ne voyez donc pas mes clous! dit le fantôme.

Et que de justes morts! Que de bons condamnés!
Que de saints, d'un arrêt infâme couronnés!
O martyre! escalade horrible du supplice!
Le meurtre fier, sacré, public; la loi complice!
Flots du sang innocent! Si, sur quelque sommet,
L'homme des anciens jours, Jacob se rendormait,
il reverrait encore une ascension d'anges,
Pensifs, purs, tout baignés de lumières étranges,
Montant l'un après l'autre, ayant de l'orient
Et de l'immensité sur leur front souriant,
Ceux-ci levant leurs mains, ceux-là dressant leur aile,
Calmes, éblouissants, sereins, et cette échelle,
Sœur de celle que l'ombre à ses yeux dérobait,
Hélas, n'aboutit pas au ciel, mais au gibet.

Oh! puisque c'est ainsi que les choses sont faites,
Puisque toujours la terre égorge ses prophètes,
Qu'est-ce qu'on doit penser et croire, ô vastes cieux!
Contre la vérité le prêtre est factieux;
Tous les cultes, soufflant l'enfer de leurs narines,
Mâchent des ossements mêlés à leurs doctrines;
Tous se sont proclamés vrais sous peine de mort;

Pas un autel sur terre, hélas, n'est sans remord.
Les faux dieux ont partout laissé leur cicatrice
A la nature, sainte et suprême matrice;
Partout l'homme est méchant, cœur vil sous un oeil fier,
Et mérite la chute immense de l'éclair;
Toute divinité dans ses mains dégénère
En idole, et devient digne aussi du tonnerre.
Qui donc a tort; qui donc a raison; que penser;
Dieu semble chaque jour plus avant s'enfoncer
Dans la profondeur sourde et fatale du vide;
Le Zend est ténébreux; le Talmud est livide;
Nul ne sait ce qu'un temple, et le dieu qu'on y sent,
Aime mieux voir fumer, de l'encens, ou du sang;
Toute église a le meurtre infiltré dans ses dalles;
Les chaires font en bas d'inutiles scandales,
Les foudres font en haut d'inutiles éclairs;
Ce qu'on doit faire avec ce qu'on doit croire, hélas!
Presque toujours conteste et rarement s'accorde.
L'abîme profond s'ouvre; un dogme est une corde
Qui pend dans l'ombre énorme et se perd dans le puits.

Ainsi mourut Jésus; et les peuples depuis,
Atterrés, ont senti que l'inconnu lui-même
Leur était apparu dans cet Homme Suprême,
Et que son évangile était pareil au ciel.
Le Golgotha, funeste et pestilentiel,
Leur semble la tumeur difforme de l'abîme;
Fauve, il se dresse au fond mystérieux du crime;
Et le plus blême éclair du gouffre est sur ce lieu
Où la religion, sinistre, tua Dieu.

Chapitre 6

Livre troisième : La Prison (DÉNOUEMENT)

I

LES SQUELETTES

… … … … … … … … … … … … … … … … … … …

La tour est âpre et noire, et, du haut jusqu'en bas,
Elle est un instrument de supplice; un étage
Fait agoniser moins ou souffrir davantage;
Changer de cabanon, c'est changer de tourment;
Le captif, dans la cave, expire lentement;
Sous le toit, dans un trou qu'on nomme la calotte,
Il étouffe en juillet, en décembre il grelotte;
Sous plus ou moins d'horreur l'homme se sent plier
À mesure qu'il monte ou descends l'escalier;
Nulle part le repos, l'air frais, la clarté pure.
Chaque chambre a la forme utile à la torture;
Ici l'on gèle; ici l'on brûle; ici l'on meurt.

… … … … … … … … … … … … … … … … … … …

Dans ce lieu morne,
La minute est bourreau, l'heure est épouvantail.

Une horloge apparaît. Au-dessus du portail.
Autour du cadran triste, une chaîne est sculptée,
Cercle affreux, chaîne énorme à lier Prométhée;
Elle entoure le temps, et, monstrueuse à voir,
Saisit par ses deux bouts, au bas du fronton noir,
Une statue étrange et morne, prisonnière
Qui grince et fait effort pour sortir de la pierre;
La statue a deux fronts, l'un jeune et l'autre vieux;
Sur le cadran, rouillé par l'hiver pluvieux,

L'aiguille, résumant dans une heure une vie,
Par la chaîne toujours à tous ses pas suivie,
Part du jeune homme et vient aboutir au vieillard.
Lugubre, elle paraît marcher sous un brouillard;
On croit voir l'affreux doigt de la bastille sombre
Montrant ce qu'elle fait du prisonnier dans l'ombre,
Et disant - C'est ici que les pas sont tremblants,
Et que les cheveux noirs deviennent cheveux blancs.

... ...

Effroyable prison qui n'a point de mémoire!
La geôle, au dehors noire est aveugle au dedans;
Elle prend! sans les voir, des hommes dans ses dents
Et, sans s'informer d'eux, les mâche et les dévore.

... ...
... ...

En entrant dans ces murs terribles, où, pour eux,
Les heures maintenant, hélas, seront si lentes,
Les captifs sont inscrits sur des feuilles volantes;
Pas de livre d'écrou. Tout est fait de façon
Que rien ne laisse trace en cette âpre prison,
Et que le nom s'y perde en même temps que l'homme.
Quel est ce prisonnier, et comment on le nomme,
Après dix ou vingt ans, personne ne le sait;
Pas même lui. La dalle ignore ce que c'est,
Le carcan le saisit au cou sans le connaître,
Et le ver, qui déjà goûte à sa chair peut-être,
Ne peut dire son nom à la taupe qui fuit.
Hier, aujourd'hui, demain, ne font qu'un. Plus un bruit.
L'homme, qui maintenant va mourir goutte à goutte,
Une fois qu'il a mit le pied sous cette voûte,
Sent au-dessus de lui son propre effacement.
Sa vie est à jamais mêlée a ce ciment.
Le fil qui nous rattache au monde dont nous sommes,
Et lie à travers l'ombre un homme aux autres hommes,
Se brise ici. Sans air, sans jour, sans point d'appui,
L'homme le sent flotter rompu derrière lui.

Un vivant n'est plus là qu'un rêve dans un gouffre.
Entrer là, c'est entrer dans de l'oubli. L'on souffre,
On rampe, on saigne, on râle, on crie; on ne sait pas.
Le captif va, vient, tremble; il fait de vagues pas,
Sent à son pied sa chaîne et s'arrête farouche,
Boit à sa cruche, mord à son pain noir, se couche,
Se lève, se rendort, tressaille, et, réveillé,
Dit: Où suis-je? que suis-je? et tâte un mur mouillé.

Il ne sait plus qu'il souffre, il ne sent plus qu'il pleure;
Il semble à ce damné qu'il s'enfonce à chaque heure
Plus bas dans la prison, et que, dans lui vivant,
La prison chaque jour pénètre plus avant;
La Bastille le tient; hagard, il s'incorpore
A cet épouvantable et hideux madrépore;
Morne, il constate, au froid toujours croissant du fer,
La transformation de son bagne en enfer;
Il croit que l'heure est morte au-dessus de sa tête,
Et que l'éternité dans son cachot s'arrête.
Est-ce que son œil voit? est-ce que son cœur bat?
Il s'accoude des mois entiers sur son grabat,
Ecoutant dans un coin filer quelque araignée.
Son âme se détache et lui semble éloignée;
Il croit heurter sa bière en touchant à son lit;
L'évanouissement par degrés le remplit;
Il ne peut plus fixer un temps, compter un nombre;
La pierre devient nuit, lui-même il devient ombre,
Et sent croître, à travers la stupeur de l'ennui,
Autour de lui la tombe et le fantôme en lui.

... ...

... ...

O triste genre humain! Sur tous les échafauds
Tant de sang fut versé dans les deux hémisphères
Que du fer qu'on en eût tiré l'on eût pu faire
Hélas! tous les barreaux de toutes les prisons!

… … … … … … … … … … … … … … … … … …

… … … … … … … … … … … … … … … … … …

… le cabanon prépare à l'échafaud.
Le patient commence au captif; les supplices
Ont pour aide la geôle obscure, et pour complices
La cruche d'eau, l'ennui, la paille, le barreau;
Qu'est-ce que les verrous? des valets du bourreau.

… … … … … … … … … … … … … … … … … …

L'énorme tour a douze étages de cachots,
Noirs, hideux, et selon la saison, froids ou chauds;
Des fournaises en juin, en janvier des glacières;
Chaque cellule est basse, et l'on voit des poussières
Qui jadis ont vécu, dans l'ombre des piliers;
Des squelettes, dans l'angle obscur des escaliers,
Sont adossés au mur, ayant au cou des chaînes;
On entend le vent fuir dans les forêts prochaines,
Et les captifs au fond du donjon sont pensifs;
Les portes sont de fer, les verrous sont massifs,
Et le trousseau de clefs fait la charge d'un homme.
Le roi, qui des deniers du peuple est économe,
A quinze ou vingt palais à meubler, de façon
Qu'il n'a pas de quoi mettre un lit dans la prison;
Aussi les prisonniers couchent-ils sur la pierre.
Cent vingt archers du guet, à la longue rapière,
Graves, muets, portant la jaquette à grands plis
Sous le hoqueton bleu semé de fleurs-de-lys,
Veillent du haut en bas, six devant chaque porte.

… … … … … … … … … … … … … … … … … …

Oh! qu'elle avait commis de crimes, la géante!

II

CAMILLE ET LUCILE

III

LA PRISE DE LA BASTILLE

DÉNOUEMENT

SATAN PARDONNÉ

… … … … … … … … … … … … … … … … … …

Le sanglot de Satan dans l'ombre continue.

Satan sous sa voûte

Je me dresse, marqué par l'effroyable trait:
Dernier degré de l'horreur! - L'amour me hait.

DIEU PARLE DANS L'INFINI

Non, je ne te hais pas

… … ..

Un ange est entre nous; ce qu'elle a fait te compte;
L'homme, enchaîné par toi, par elle est délivré.
Ô Satan, tu peux dire à présent: je vivrai!
Viens, la prison détruite abolit la géhenne!

Viens, l'ange Liberté c'est ta fille et la mienne.
Cette paternité sublime nous unit.
L'archange ressuscite et le démon finit,
Et j'efface la nuit infâme, et rien n'en reste;
Satan est mort, renais, ô Lucifer céleste!
Remonte hors de l'ombre avec l'aurore au front!
……… .

À écrire au verso de la dernière page
Ô mondes du dehors, Dieu rayonne pour tous,
Vos mystères profonds ne regardent que vous.

Chapitre 7

Les Grands Morts

Au loin sous une brume aux épaisseurs profondes,
L'œil, dans l'obscurité, plus bas que tous les mondes,
Voit vaguement des fronts énormes s'agiter.
Tâchant encor d'aider l'homme et de l'assister,
Ils sont tous là, pensifs, sur de ténébreux trônes,
Les guides des Sions, des Tyrs, des Babylones,
Tous ceux que la nature et l'art ont pour docteurs,
Tous les contemplateurs et tous les rédempteurs
Qui bravèrent du sphinx la figure camuse,
Tous ceux qui, par l'esprit, la vision, la muse,
Fouillant l'énigme monde et l'énigme destin,
De quelque âge nocturne ont été le matin.
Les plongeurs du chaos, les sondeurs du désastre,
Moïse, Orphée, Hermès, Socrate, Zoroastre,
Michel-Ange, Gama, le chercheur hasardeux,
Milton, Newton, Jean Huss, Tell, Shakspeare; et près d'eux,
Tous les autres pasteurs des humanités sombres
Que d'autres sphères vont promenant dans les ombres,
Tous les puissants Colombs et tous les Christs divins,
Tous les Dantes, les Jobs, les Luthers, les Calvins,
Et tous les Mahomets de tous les autres globes,
Géants ayant du jour dans les plis de leurs robes,
Sont là; les Spinosas comme les Aarons;
Formes d'une autre vie et que nous ignorons;
Ils ne se parlent pas; et, d'un geste farouche,
Ils écoutent, penchés et le doigt sur la bouche;
Leur âme en leurs yeux brille; ils écoutent le bruit.

Ce concile de l'ombre est assis dans la nuit.
L'esprit monte, descend et plane l'aile haute,
Sur cette formidable et sombre Pentecôte;
Ils lisent à la fois hier, aujourd'hui, demain;
Leur crâne est transparent pour leur œil surhumain,

Et chacun d'eux s'adosse à quelque grand pilastre.
Sur leur tête l'idée éclôt et devient astre,
Et luit comme Vénus qui brille au fond des soirs
À l'heure où le bœuf roux descend des abreuvoirs,
Où l'on entend hennir sur les monts les cavales.
Ces comètes qu'on voit passer par intervalles
Avec une lumière immense dans les cieux,
S'allongeant à travers l'éther silencieux,
Flamboyantes, à l'ombre éternelle mêlées,
Sont des langues de feu de leurs fronts envolées.

17 avril 1855